falter 57

Wege der Seele – Bilder des Lebens

Brigitte Werner

Berührungen
Dem Leben die Hand reichen

Verlag Freies Geistesleben

1. Auflage 2024

Verlag Freies Geistesleben
Landhausstraße 82, 70190 Stuttgart
geistesleben.de

ISBN 978-3-7725-3457-7

ⓔ auch als eBook erhältlich

© 2024 Verlag Freies Geistesleben
& Urachhaus GmbH, Stuttgart
Umschlaggestaltung & Satz: Bianca Bonfert
Umschlagfoto: Janny2 / iStockphoto
Druck und Bindung: Livonia Print, Riga
Printed in Latvia

 Entdecken Sie weitere Bücher aus der falter-Reihe:
geistesleben.de/falter

 Bleiben Sie mit unserem Newsletter auf dem Laufenden:
geistesleben.de/news

Inhalt

Vorwort 9
Tock-Tock 15
Die Freitagabend-Geschichte 21
Sterne 27
I'm your man 33
Wie das Meer, nur anders 39
French Kisses 45
Einfach so 51
Kaffee & Knifte 57
Magie 63
Veilchen oder so 69
Marotten 75
Einfach himmlisch 81
Why not? 87
Echt jetzt? 93
Waldvoll 99
Momentaufnahmen 105
Kusshaltestelle 111
Maulwürfe 117
Das schwarze Buch 123
Jawoll! 131
Einfach schöner 135
Ten-Pais Zähne 143
Wonderwoman 149
Wer ist das Volk? 155
Himmlisches Zeitgefühl 161

Danksagung 169

in leiser Berührung
der magische Augenblick
in dem das Unwahrscheinliche
doch geschieht

Uli Breitbach

Vorwort

Liebe Leserinnen, liebe Leser,

als mein Verleger Jean-Claude Lin mir bei seiner Verabschiedung mitteilte, dass im Jahr 2023 eine weitere Kolumnenreihe von mir in dem monatlich erscheinenden Lebensmagazin *a tempo* erscheinen solle, waren wir beide voller Vorfreude, hatten aber noch keine Idee für das übergeordnete Thema. Ich dachte nach, er dachte nach, es sollte weit offen sein für viele Möglichkeiten des Erlebens und Erzählens, es sollte wohltuende Räume öffnen und im besten Sinne berühren.

Und siehe da, da machte Herr Lin den Vorschlag, das Thema *Berührungen* zu wählen, und ich war sofort begeistert, wusste ich doch auf der Stelle, dass ich es in alle Richtungen abklopfen könnte, und war voller Vorfreude auf das Schreiben dieser monatlichen Texte. Das meiste erlebte ich dann parallel, manchmal tauchten auch heftige Erinnerungen auf.

Immer gab es genügend Stoff aus dem Leben für diese vierte Kolumnenreihe von mir.*

Manchmal sind es ja die Winzigkeiten, die einem mit Macht ins Herz fahren: ein buntes Blatt, das einem sanft auf die Schultern schwebt, eine kleine, sattgelbe Raupe, die einen aus schwarzen Augen anblinzelt, die alte Dame an der Bushaltestelle mit den Mausepantoffeln an den Füßen, das pralle Baby, das einen weit mit einem zahnlosen Mündchen anlächelt, der Duft einer Rose an dem verstaubten Straßenrand mitten in der Stadt oder der Satz eines Helden oder eines absoluten Nichthelden in einem Film, der überraschend Tränen rollen lässt. Da gibt es die Traurigkeiten, die Herr M. nebenan nicht mehr benennen kann, aber intensiv erfährt, das Abendlicht, das in breiten Bahnen durchs Fenster fällt und Staubkörnchen tanzen lässt, der Geruch der Kirche in Tallin, in alten Schulen und Gewölben, eine plötzliche Sinfonie, die aus dem

---

* Die drei Vorgängerbände, die aus solchen Kolumnen hervorgegangen sind, haben die Titel *Zufälle – Das Leben ist wunderbar*; *Seitenblicke – Die Liebe zum Leben* und *Herzräume – Geborgen im eigenen Leben*. Sie sind ebenfalls im Verlag Freies Geistesleben erschienen, und viele der darin enthaltenen Kolumnen sind ursprünglich im Lebensmagazin *a tempo* veröffentlicht worden.

Auto an der Ampel zu mir herüberschwingt, ich könnte uferlos fortfahren, denn da sind ja noch die großen Sachen, voller Freude oder Schönheit, oder die Trauer, die Wehmut, die Sehnsucht, so viele Gefühle, die an das Herz tippen können oder es ungestüm umarmen. Ausgelöst durch Begegnungen mit Menschen, mit Tieren, mit Pflanzen, der Natur, mit Landschaften, dem Geschehen am Himmel, mit der Kunst, sie können einen von hinten links, rechts, oben oder unten stupsen oder überrumpeln, aber sie sind Mosaiksteinchen, mit denen wir eine Collage erstellen können, die wir anschauen sollten, wenn wir die Freude verloren haben. Das geschieht nun mal, wie wir alle wissen, immer mal wieder. Aber wir können uns «austricksen», wir verwahren einfach wie auf einer Speicherkarte diese besonderen Momente, die uns ein Lächeln schenkten oder dieses seltsame Ziehen in uns erzeugten, wenn uns Traurigkeiten, Mitgefühl, Schmerz oder Sehnsucht berührt haben. Ich kann auch von mir selbst berührt sein, wenn ich leide oder vor Freude tanze oder heule, es ist völlig in Ordnung.

Achten wir auf uns, auf die anderen, auf die kleinen und großen Momente, die sich uns manchmal aufdrängen oder sich versteckt halten, fast unsichtbar, wenn wir unachtsam, blind oder zu sehr in Nichtigkeiten gefangen sind.

Wertschätzen wir uns, das Leben und die kleinen und großen Berührungen, die es bereithält. Sie stärken uns und machen uns reicher. Sie sind ein Geschenk.

Viele solcher Geschenke wünsche ich Ihnen von Herzen. Reichen Sie dem Leben die Hand.

Ihre Brigitte Werner

Neben dem Pub steht eine Bank, mir zittern die Knie, und ich setze mich. Da öffnet sich die Tür, Licht fällt auf die Straße, und ein vier Meter zwanzig großer Kerl stellt sich vor mich. Ich blicke hoch und denke: Himmel, von welchem Hollywoodplakat ist der denn entsprungen?

Tock-Tock

Irland ist grau und trüb, als wir in Dublin ankommen. Mein Koffer hat es deshalb vorgezogen abzuhauen, vielleicht nach Bali oder so. Vier Tage lebe ich aus dem Koffer meiner Schwester, das fängt ja gut an. Die Irlandrundreise ist spannend und anstrengend, das Wetter so launisch wie die ewig zankende Ehefrau vor uns im Bus. Jede Nacht in einem anderen Hotel ist auch keine helle Freude, aber dafür ist es die Landschaft, sind es die Klippen, das Meer und die wunderbaren, immer freundlichen Menschen. Und – JA, sie singen überall.

Bei einer Bootsfahrt, wir saßen noch nicht richtig, da griff der Captain zum Mikrofon und schmetterte los. Unsere Reiseleiterin, eine Deutsche, die wegen der Liebe und wegen Irland und wahrscheinlich auch wegen der magischen Musik auf der Insel geblieben ist, hatte für den Abend einen Pub im Programm, der uns gefallen würde. Nur zwei windige Ecken vom Hotel entfernt, man konnte das tosende Meer hören, landeten wir in einer gemütlichen irischen Kneipe mit Tresen und kleiner Bühne, mit viel Guinness und Gelächter.

Die Musiker begrüßten uns mit großer Freude und legten sofort los. Die beiden Fiedler gaben so richtig Gas, und das Akkordeon spielte die Melodien. Die Stimmung stieg und die Anzahl der Gläser auf unseren Tischen auch. Dann bat uns die Reiseleiterin, gut zuzuhören. Nun seien wir dran.

Häh? Ein riesiges Fragezeichen hing über unseren Köpfen. Einer der Musiker bat uns um ein Geschenk. Na klar, sofort! Aber was? Einer oder eine sollte nun ihnen ein deutsches Lied schenken, das würde doch die deutsch-irische Freundschaft verstärken. Tiefes Schweigen. Alle sahen hartnäckig auf den Boden. Es war peinlich, peinlich, peinlich.

Na gut, was soll's! Ich stehe auf, ich singe gerne, ich treffe die Töne, ich kenne eine Menge Lieder, ich werde uns retten. Der Bandleader kündigt mit großem Getöse und gewaltigen Lobesvorschüssen meinen Auftritt an und – meine Stimme ist weg, hat sich in der Luft aufgelöst, die ich gerade nicht mehr kriege, ich flüstere die Melodie, ich japse jedem Ton hinterher, ich schmeiße eine Strophe komplett raus, ich habe Angst, dass ich umfalle, ich bin so total und völlig fertig wie noch nie in meinem Leben. Man klatscht artig.

Ich weiß, dass das Lied *Dat du min Leevsten büst*

fast alle meine Mitreisenden kennen, aber keiner hat mir beigestanden. Ich gehe zum Tisch, ich schnaube Feuer, Asche und Ruß aus meinen Nasenlöchern über sie alle und nebele sie komplett ein. Dann nehme ich meine Jacke vom Haken und gehe raus. Ich will mich über die Klippen stürzen, aber das sind noch ein paar Meter, die schaffe ich nicht mehr.

Neben dem Pub steht eine Bank, mir zittern die Knie, und ich setze mich. Da öffnet sich die Tür, Licht fällt auf die Straße, und ein vier Meter zwanzig großer Kerl stellt sich vor mich. Ich blicke hoch und denke: Himmel, von welchem Hollywoodplakat ist der denn entsprungen? Blitzende Augen, wildes, struppiges Haar und so ein Heinz-Rühmann-Lächeln im Gesicht, dass ich dahinschmelze. Er setzt sich einfach neben mich, und wir schweigen.

«How do you feel?», fragt er, und mir fällt nur «awful!» ein. «No breath», sage ich, und er nickt. Absolut kein Fitzelchen von Luft war in meinen Lungen angekommen, sie hatten sich einfach auf die Größe einer Briefmarke zusammengefaltet. Er legt kurz seinen Arm um meine Schulter. Ich würde mich gerne an ihn lehnen und mir von seinem groben Wollpullover das Gesicht zerkratzen lassen.

Er steht auf. «Guinness?», fragt er, und als er mit

zwei Gläsern zurückkommt, stoßen wir an. «Tock-Tock!», sagt er, und ich muss lächeln. Wir machen es immer wieder, einfach so, und meine Luft ist wieder da. Ich hätte ihn gerne als Bruder.

Da summt er eine Melodie, und ich bin elektrisiert. Diesen irischen Segen kenne ich, es gibt ihn in mehreren Melodien, aber diese ist die schönste. Wir singen ihn sogar zu Hause mit sechs Mädels vierstimmig. Ich bin die zweite Stimme, ich singe drauflos, meine Stimme wackelt nicht ein bisschen, sie brummt nur an der tiefen Stelle: «May God hold you in the palm of his hand.» Wir könnten reingehen und auftreten, aber never, auf keinen Fall, niemals.

Ich weiß nicht mehr, wie viele Tock-Tocks folgten, keine Ahnung, wie ich ins Hotel gekommen bin, keine Ahnung, wie wir uns verabschiedet haben, aber mein zerkratztes Gesicht lächelt beim Aufwachen.

So what!

Ich suche immer die Kasse mit dieser besonderen Kassiererin. Sie hat das hinreißendste Mäusegesicht, das ich je gesehen habe. Sie ist schüchtern, winzig und blass, hat leuchtende Augen und ist immer, IMMER, freundlich und hilfsbereit. Selbst die ruppigsten Kerle werden lammfromm.

Die Freitagabend-Geschichte

Seit einiger Zeit habe ich den Eindruck, ich lebe in Geschichten. Nicht alle sind schön. Aber manchmal sind sie es doch. Oder meistens. Da klingt aus einem parkenden Auto so eine fröhliche, klassische Melodie, nach der man, an bestimmten Stellen, einfach hüpfen muss. Ich bin voll in der Geschichte der hüpfenden, alten Dame und hüpfe los, trotz Knie. Ich tue es so lange, wie die Melodie zu hören ist. Auf der anderen Straßenseite kichern ein paar Kinder, ich nehme sie einfach in die Geschichte mit rein. Sie werden zu meinen Enkeln, und ich kichere zurück.

Die Nachbarin-Geschichte war nicht so reizend, die Wartehäuschen-Geschichte war klasse. Kaum liege ich in meinem Bett, kommen die Wörter, immer in ganzen Sätzen, sogar Textfragmente, es ist ein Stop and Go, auch formulieren sich Anfänge von Geschichten, die ich noch erleben muss. Mich macht das nervös. Muss ich das aufschreiben? Alles? Da ich sowieso nicht schlafen kann, stehe ich manchmal auf und tue es. Meistens freue ich mich am anderen Morgen. Als ich in der folgenden Geschichte lebte, dachte ich sogar mittendrin, das könnte ich ruhig mehrmals erleben. Unbedingt. In allen möglichen Variationen. Im Supermarkt leben viele Menschen in einer Geschichte, das kann ich sehen. In meiner Geschichte lebte ich mit mindestens drei Personen, es wurden dann immer mehr.

Ich bin in dem Supermarkt an der Autobahn, es ist Freitagabend, und ich will meine letzten Einkäufe machen. Ich suche immer die Kasse mit dieser besonderen Kassiererin. Sie hat das hinreißendste Mäusegesicht, das ich je gesehen habe. Sie ist schüchtern, winzig und blass, hat leuchtende Augen und ist immer, IMMER, freundlich und hilfsbereit. Selbst die ruppigsten Kerle werden lammfromm. Ihr dünner kurzer Pferdeschwanz steht steif von ihrem Hinterkopf ab, sie rührt wohl nicht nur mich. Selbst in der härtesten Corona-Zeit, als manche an der Kasse regelrecht durchdrehten, behielt sie dieses scheue, liebenswerte Lächeln in ihrem schmalen Gesicht und beruhigte alle.

Ich strahle sie immer an wie ein ganzer Karton Lichterketten. Als ich meine Sachen in Kassennähe einpacken will, sehe ich, dass eine junge Frau ihr eine kleine Pralinenschachtel, die sie gerade gekauft hat, in die Hand drückt und sagt: «Für Sie ... Für Ihr nettes Lächeln.»

Die Kassiererin wird rot. Sie blickt zu Boden. Sie flüstert: «Das geht leider nicht ... Ich weiß nicht, das sieht dann so aus, als hätte ich sie mitgenommen ... Danke!» Sie blickt traurig und schiebt die Schachtel der jungen Frau zurück.

Wir sind fassungslos. Da sind wir alle gerade in einer richtig guten Geschichte und dann dieses Ende. Das darf nicht sein. Ich habe eine Idee. Ich flüstere mit der jungen Frau, die Beatrice heißt, sie passt auf meinen Wagen auf, ich renne zum Auto und hole die Geschenkpapierrolle heraus, die ich schon circa fünfundneunzig Tage mit mir herumfahre, wahrscheinlich hat sie nur auf diese Geschenkpapier-Geschichte gewartet.

Zurück im Laden, verkrümeln wir uns ans Ende des Packtisches, Beatrice schneidet mit einer Nagelschere das passende Stück ab, es ist harte Arbeit, aber die Pralinen sind nun hübsch verpackt. Ich schiebe meine gerade gekauften Tulpen aus der Hülle und binde die zwei Sträuße zu einem, das kann ich gut. Dann werden auch sie in dieses leuchtend bunte Papier gewickelt, sie dürfen oben rot und rosa rausschauen, und sie lächeln schon voller Vorfreude, dass sie mitmachen dürfen.

Wir gehen zu der Kassiererin, und als sie gerade

hochblickt, nehmen wir sie komplett mit rein in diese Geschichte, sie ist schließlich die Hauptperson. Sie wird schon wieder rot und weiß nicht, wo sie hinblicken soll. «Sie sind die beste Kassiererin auf der ganzen Welt», sagt Beatrice. «Und Sie haben ein kleines Dankeschön verdient», sage ich. Wir nicken. Die Tulpen nicken, und eine ganze Schlange von Menschen nickt plötzlich mit. Nicht immer im Takt, aber immerhin.

«Nun nehm' Se schon», sagt der dicke Herr, der als Nächstes dran wäre. «Ham Se echt verdient.» Wieder gemeinsames Nicken. «Und wenn Ihnen der Chef doof kommt, sag'n Se Bescheid.» Er trommelt auf seine Brust wie Tarzan. Alles lächelt, nur die Kassiererin weint ein bisschen. Das finden alle in Ordnung. Das darf in dieser Geschichte vorkommen. Da sind wir uns einig.

*Ich gehe mit meiner Beute zu den
Kids, bedanke mich und frage, ob
ich mich dazusetzen darf. Sie nicken
und machen bereitwillig Platz. Meine
Taschen haben sie mit ihrem Blut und
ihrer Ehre bewacht. Ich zeige ihnen
meine Schätze, und sie rücken näher.*

Sterne

Ich schleppe meine Einkaufstaschen nach Hause und gehe durch die besondere Siedlung, die jemand mit viel Witz und Sinn für Schönheit entworfen hat, die aber nun, ein paar Jahre später, recht runtergekommen aussieht, und das geplante «Dorfleben» findet nicht statt. Um die rappelvollen Mülltonnen herum und auch auf den Wegen und Wiesen sammelt sich Unrat, und die Fassaden sehen nicht mehr interessant, sondern trostlos aus. Mich macht das immer fassungslos.

Ich bin müde und schon wieder schweißnass und bedaure heftig, nicht doch mit dem Auto gefahren zu sein. Auf der umgrenzenden kleinen Mauer zur Straße, in die ich abbiegen muss, sitzen ein paar Kinder und sind fröhlich miteinander. Ich frage sie, ob sie auf meine Taschen aufpassen können, ich möchte noch am Kiosk gegenüber eine Zeitschrift kaufen. Sie strahlen mich an, ja klar, ab sofort sind sie die Sheriffs, die scharf schießen werden, sollte ein Bösewicht kommen.

Im Kiosk sehe ich etwas, was meine Augen sofort zum Leuchten bringt. Ich kann es nicht fassen, dort stehen plötzlich ein paar Bonbongläser, gefüllt mit allen Köstlichkeiten meiner Kindheit. Ich nehme von allem ein bisschen: Veilchenpastillen, Brotbonbons, Weingummis, Himbeerbonbons, Lakritzschnecken und Salmiakpastillen. Alles wird wie früher in kleine spitze Papiertütchen gefüllt. Die Verkäuferin erklärt, dass ihre Tante ins Geschäft eingestiegen ist und nun mit solchen «Erinnerungen an ihre Kindheit» die Bude ein bisschen aufpeppen will. Und: Es funktioniert.

Ich gehe mit meiner Beute zu den Kids, bedanke mich und frage, ob ich mich dazusetzen darf. Sie nicken und machen bereitwillig Platz. Meine Taschen haben sie mit ihrem Blut und ihrer Ehre bewacht. Ich zeige ihnen meine Schätze, und sie rücken näher. Selma, die Kleinste, ist für totale Gerechtigkeit. Erst einmal bekommen alle drei Stück von jeder Sorte und eine Schnecke. Sie zählt genau ab, die Zunge etwas zwischen den Lippen. Alle zählen ehrfürchtig mit. Wir rollen unsere Schnecke ab und sind ganz still.

Eine Taube fliegt über uns hinweg, ein Motorrad brummt, ein Hund bellt. Kein Handy weit und breit. Das Universum ist von uns sechsen gerade zutiefst beeindruckt. Mein letztes Tütchen enthält die Salmiakpastillen. Herrlich salzig und herrlich scharf und klebrig.

«Kennt ihr den leckersten Stern auf der ganzen Welt?», frage ich.

«Häh?», sagen sie im Chor.

«Kann man denn Sterne essen?», fragt Julian.

«Kann man», erklärt Sofie. «Weihnachten, wenn wir Plätzchen backen.»

Ja stimmt, alle nicken.

«Kennt ihr denn den leckersten schwarzen Stern, den es nicht nur an Weihnachten gibt?», frage ich.

Nö, den kennen sie nicht.

Ich schütte ein paar Salmiakpastillen in meine Hand, lecke den linken Handrücken feucht, die Kinder bekommen große Augen, und dann lege ich behutsam meinen geliebten Salmiakpastillenstern aus meiner Kindheit auf den Handrücken, Zacke für Zacke, er klebt gut und wächst und wächst, bis es reicht. Und dann lecke ich hemmungslos über ihn, immer wieder, bis seine Konturen unscharf werden, meine Zunge schwarz ist und mein Glücksgefühl groß.

Die Kinder staunen. Nein, das hatten sie noch nie gemacht. Nora zählt meine Zacken, ich schütte die Tüte auf die Mauer, und wir teilen auf. Es reicht nicht, aber Leo darf zur Bude gegenüber laufen und Nachschub holen, eine große Tüte voll, so wird es noch für morgen reichen.

Alle sind eine Weile beschäftigt, ab und zu kichert jemand, die Sterne wachsen über die kleinen Hände, dann geht das genüssliche Schlecken los. Sie schlecken und kuscheln, ich werde gleich mitgekuschelt, und der Himmel kuschelt sich irgendwie dazwischen, als ihm eine kleine Schar schwarzer Sterne geschenkt wird.

«Himmlisch», sage ich.

«Nö», meint Julian. «*Überirdisch!*»

«Na hallo», sagt Nora, «das ist doch fast dasselbe.»

Wo sie recht hat, da hat sie recht.

*Als ich seinen Song «I'm your man»
zum ersten Mal hörte, wünschte ich
mir damals heftigst, er hätte ihn für
mich geschrieben. Eigentlich tue ich das
immer noch. Ich kenne jede einzelne
Songzeile, ich kann mühelos mitsingen.*

I'm your man

Wann hatte das angefangen? Vielleicht, als ich mir die ersten Schallplatten von meinen Jobs in den Semesterferien leisten konnte. Genau von da an wurde er mein Lebensgefährte. Mein erster. Alle Männer später mussten ihn mit mir teilen. Das taten die meisten recht ungern, und dann hatten sie eigentlich schon verloren.

Lily Brett, die ich verehre, beschreibt, dass sie ihren Mann ihre ganze lange Ehe mit einem anderen Mann teilen musste und wohl noch tut, das ist Bob Dylan. Bei mir ist es sein Zeitgenosse und großer Konkurrent: Leonard Cohen. Aber erst als das Lesen seiner Lyrics noch zu dem intensiven Lauschen seiner Musik dazukam, war es um mich geschehen. Und, falls das gerade Ihre Gedanken in eine völlig falsche Richtung drängt, es war keine erotische Schwärmerei. Da hatten alle meine Männer nichts zu befürchten, aber es störte sie trotzdem.

Dieser Sänger war für sie eh nur so ein «Schmusi für Frauen» mit seinen hingehauchten Liedern und seinem sanften Blick aus dunklen Augen.

Natürlich hatte ich alle seine Platten, später auch

seine Bücher, und noch später, viel, viel später, bekam er ein paar Zeilen in meinem Roman, ein paar vorweg, einige mittendrin und meine Lieblingszeilen von ihm am Ende, weil es so wunderbar passte. Aber, ich gebe es zu, davor hatte ich ihn eine Weile aus den Augen, aus den Ohren verloren. Später wusste ich auch, warum: Er war für ein paar Jahre in ein Zen-Kloster gegangen, in dieser Zeit hatte seine Managerin sein komplettes Geld veruntreut, und er hatte nichts mehr.

Da er sich zu alt für einen Neubeginn fand und auch nicht recht glauben konnte, dass man ihn noch hören wollte, dauerte es eine Weile, bis man ihn und er sich selbst überzeugt hatte, es einfach zu wagen. Zu seinen alten Songs kamen ein paar wundervolle neue hinzu, seine Stimme war angenehm tiefer gerutscht, das tat ihr gut. Zudem hatte er sich die weltbesten Musiker und Sängerinnen an seine Seite geholt, und sie gaben selbst seinen alten Hits wie *Suzanne* und *So Long, Marianne* eine neue, ganz andere Tiefe und Schönheit.

Die ersten Konzerte, die er gab, waren in kleinen Sälen, sozusagen zum Ausprobieren, sie waren ruckzuck ausverkauft, und schnell mussten die Säle groß und größer werden, das Publikum war ihm treu geblieben, und viele junge Menschen waren dazugekommen. Und JA, es sind immer noch mehr Frauen als Männer, die ihn lieben. Und ich gehöre nach wie vor dazu. Und jetzt, als alter Mann, ist er so hinreißend rührend, ja demütig vor seinem Publikum, dass es einem das Herz brechen kann.

Als ich meinen endlos langen Roman überarbeiten musste, das tat ich in einem dunklen Winter an der Schlei, hat er mich Stunde um Stunde begleitet. Ich stand auf, kochte den ersten Kaffee und setzte mich noch im Schlafanzug vor den Fernseher.

Ich lege die DVD ein und sehe mir seinen Live-Auftritt in London an, da ist er schon vierundsiebzig Jahre alt. Er hüpft mit seinem kleinen, verlegenen Lächeln die Stufen hoch auf die Bühne, schaut scheu ins Publikum, es sind zwanzigtausend, lüftet seinen Hut und beginnt. Ich kenne jede kleine Geste, seine leisen Worte zwischen den Liedern, manchmal scherzt er und muss selber schmunzeln. Seine Musiker, alle älteren Jahrgangs, und seine Sängerinnen verehren ihn, und er verehrt sie, das kann man sehen und spüren.

Als ich seinen Song *I'm your man* zum ersten Mal hörte, wünschte ich mir damals heftigst, er hätte ihn für mich geschrieben. Eigentlich tue ich das immer noch. Ich kenne jede einzelne Songzeile, ich kann mühelos mitsingen.

Mit seiner Musik im Hintergrund kann ich konzentriert an meinem Roman arbeiten. Und als 2013 das Buch erscheint, gibt er eins seiner letzten Konzerte in Oberhausen, und ich sitze hingerissen zwischen seinen Fans weit vorne. Ich wäre gerne auf die Bühne gelaufen und hätte ihn drei Tage lang umarmt.

Wäre mein Roman bereits erschienen, er tat es leider erst zwei Monate später, hätte ich mich getraut und ihm mein Buch geschenkt. Und sein schüchternes, liebenswertes Lächeln hätte seine Zeilen noch verstärkt: *There is a crack, a crack in everything, that's how the light gets in.*

Ja, yes yes yes. Danke für dieses Licht.

Sie sitzen vor ihrem Blatt, denken nach, legen los, denken nach, es ist eine so wunderbar fruchtbare, ja auch sanfte Stille im Raum, das Umkreisen dieses Begriffs schwebt wie ein Lichtwolke über ihren Köpfen.

Wie das Meer, nur anders

Meine kleine private Umfrage zu dem Thema *Berührungen* ist fast schon ein Flop.

Ja, Vogelschwärme können einen berühren, Tierwelpen sowieso, der Sonnenaufgang und der Sonnenuntergang auch, welche Überraschung, eine liebevolle Geste, eine Umarmung, ein Lächeln, also nichts Neues und nichts besonders Interessantes. Kunst war so gut wie gar nicht vertreten, ich bin irritiert.

Als ich vor ein paar Wochen eine Lesung in einer vierten Klasse hatte, war mir genügend Zeit gegeben, noch danach mit den Kids über das Buch, über Gott und die Welt und übers Schreiben zu reden. Es kamen die üblichen Fragen: Wie alt bist du? Wie viele Bücher hast du geschrieben? Liebst du Hunde oder Katzen? Bist du für Schalke oder für Dortmund? Was schreibst du gerade? (Am liebsten hätten sie eine saftige Horrorgeschichte gehabt.)

Ich erzähle von dieser Kolumnenreihe. Sie wollen wissen, was eine Kolumne ist. Ob es schwer ist, regelmäßig dafür zu schreiben, ob mir immer was Passendes einfällt, es interessiert sie wirklich sehr.

Ich sage: «Ihr könntet mir tatsächlich helfen, wenn ihr mir verratet, was euch berühren kann.»

Sie denken nach, sie erklären sich leise untereinander, wie das wohl gemeint ist mit diesen Berührungen. Sie kommen dem Inhalt des Wortes auf die Spur. Ich greife nicht ein, lasse sie vermuten, erklären, und dann haben wir das Ergebnis, bei dem alle nicken. «Es muss etwas sein, was das Herz berührt», sagt Anna wortwörtlich, und alle wissen, was sie meint.

Dann suchen sie ein persönliches Beispiel, sie flüstern wieder, einige kauen nachdenklich an ihrem Bleistift. Ein Kind fragt: «Gilt meine Oma auch?» Einige kichern, aber sie nicken. «Erklär uns doch, wie du das meinst», sagt die Lehrerin. Das Mädchen flüstert: «Meine Oma vergisst ganz viel, sogar, wie meine Mama heißt, aber sie hat mir zum Geburtstag einen Kuchen gebacken. Und alles hat gestimmt!»

Jetzt wird es lebhaft im Klassenraum, irgendwie hat dieses Beispiel in allen etwas gelockert und verdeutlicht. «Wir haben ein Baby, das kann ich manchmal nicht leiden», gibt Tobias zu. «Es ist immer am Schreien. Aber gestern hat es mich angeschaut und gelacht. Das war voll geil!» Die Lehrerin räuspert sich. «Echt voll cool», korrigiert der Junge.

Jetzt wollen alle gleichzeitig Beispiele nennen. Meine Zeit läuft, die nächste Unterrichtsstunde naht. Aber ich will nicht aufhören, die Kinder wollen es auch nicht, sie sind angefüllt mit den mächtigen oder zarten Gefühlen erlebter «Berührungen», sie fragen, ob auch ein trauriges Beispiel gilt. Jetzt werde ich ganz aufgeregt. Aber ja doch, Traurigkeit, Schmerz, Mitgefühl, Leid, auch das alles kann einen sehr berühren und das Herz zum Zittern bringen. Sie verstehen diese Metapher auf Anhieb. Sie haben den Begriff *Berührungen* sinnvoll erweitert.

Die junge Lehrerin hat eine großartige Idee. Da ich nicht die Beispiele aller Kinder anhören kann und wir aber, die Kids, die Lehrerin und ich, darüber regelrecht traurig werden, verteilt sie Zettel, und die Kinder sollen mindestens drei Beispiele von Geschehnissen oder Eindrücken nennen, die sie berührt haben. Sie schreiben die Überschrift BERÜHRUNGEN sauber von der Tafel ab – kein Murren, dass jetzt etwas geschrieben werden soll.

Sie sitzen vor ihrem Blatt, denken nach, legen los, denken nach, es ist eine so wunderbar fruchtbare, ja auch sanfte Stille im Raum, das Umkreisen dieses Begriffs schwebt wie eine Lichtwolke über ihren Köpfen. Sie dürfen ohne Namen ihre Beiträge aufschreiben, das wollen sie aber nicht, sie wollen alle unbedingt ihre Berührungen teilen. «Denn Schönes teilt man gerne», erklärt Sarah. Wir stimmen zu.

Ich darf die Kopien mitnehmen. Zu Hause komme ich aus dem Staunen nicht heraus. Da sind es die Brüder Löwenherz von Astrid Lindgren und ein Wiegenlied der Mama. Aber Neles Beispiel hängt nun an meiner Pinnwand: *Wenn mein Anspitzer seine Wellenränder macht, die von meinem blauen Buntstift, das berührt mich, das ist wie das Meer mit Wasser oben, nur anders, so aus Holz.*

Ich schreibe ihnen in meinem Brief zurück, dass ich mir ihre berührenden Beispiele aufhebe für Kummertage. Weil sie so wunderbar an mein Herz tippen.

Ich kann nur stumm nicken und bin überrumpelt. Aber ein kleiner Lichtstreif zeigt sich am Horizont, kurz aufblitzend wie die Schere von Markus, zwei Stühle weiter, das sehe ich, als ich die Brille wieder aufsetze.

French Kisses

Wie kann so etwas passieren? Gestern noch lag jedes Haar an seiner Stelle, da, wo es hingehörte, und sah noch recht hübsch aus. Aber über Nacht gab es wohl eine große Haarverschwörung, sie machen plötzlich, was sie wollen, und schämen sich nicht, sich struppig und hässlich zu zeigen. Also auf zum Friseur. Aber – mein Friseur ist im Urlaub, die Katastrophe ist da. Zwei meiner Freundinnen schlagen mir ihren Friseur vor, beide denselben, und ja, ich bekomme dort sofort einen Termin. Da ich vor einigen Tagen aus Versehen meine Kontaktlinsen entsorgt habe, muss ich nun bei den ganzen Haargeschehnissen meine Brille abnehmen und sehe eine schemenhafte Person im Spiegel mir gegenüber.

Markus, der ältere Herr mit den grauen Schläfen, prüft mein Haar, murmelt etwas, ich erkläre ihm meine Wünsche, und er legt los. Ich schließe die Augen und lasse ihn gewähren. Er ist angenehm still, und irgendwann, nach einer unendlich langen Föhnerei, gefühlte drei Montage, darf ich meine Brille wieder aufsetzen.

Ich erkenne die Person im Spiegel nicht. Sie sieht

aus wie meine Großmutter mit Heimwelle nach dem Krieg. Mit einem Selfie von mir könnten alle meine Freundinnen bis an ihr Lebensende ihre Enkel erschrecken. Ich bin auch bis ins Mark erschrocken. Ich erstarre. Du meine Güte, so werde ich wahrscheinlich in zwanzig Jahren aussehen. Ich kriege keinen Ton über meine Lippen. Ich lehne mich fassungslos zurück und atme schwer. Die Brille lege ich ab, ich will das Elend vor mir nicht sehen. Ich könnte diesen Markus verfluchen und meine zwei Freundinnen gleich mit, aber vor einem Fluch habe ich zu großen Respekt. Gibt es im Internet ein Angebot für eine Ganzkörpertarnkappe mit Expresszustellung?

Zeit vergeht, ich öffne widerwillig die Augen, da sehe ich etwas Buntes zu meinem Stuhl huschen, erst als es ganz nah ist, erkenne ich das hübsche junge Mädchen mit den kunterbunten Haaren und der frechen Latzhose. Sie beugt sich zu mir runter. «Ich weiß, was Sie gerade fühlen», wispert sie, «aber das kriegen wir wieder hin!»

Ich denke kurz: Sehen Engel heutzutage so aus, so hinreißend fröhlich und eine Latzhose tragend? Da flüstert sie weiter: «Markus ist der Meister an der Schere, glauben Sie mir, aber nicht am Föhn, das bin nämlich ich, aber da gerade niemand frei war, musste er wohl ran. Jetzt mach ich mal!»

Ich kann nur stumm nicken und bin überrumpelt. Aber ein kleiner Lichtstreif zeigt sich am Horizont, kurz aufblitzend wie die Schere von Markus, zwei Stühle weiter, das sehe ich, als ich die Brille wieder aufsetze. Die muss aber sofort wieder ab, es ist einfach zu schrecklich.

Die junge Friseurin heißt Nicole, sie stäubt mich mit Wasser ein wie einen riesigen Zimmerfarn. Dann strubbelt sie durch die feuchte Frisur und sagt: «Brille wieder auf!»

Ich gehorche artig, aber sehr, sehr misstrauisch und staune. Meine Haare sind kürzer als sonst, aber frech, das Strubbelige gefällt mir gut. Die Jahre, um die ich vorher gealtert war, kann man jetzt von meinem echten Alter abziehen, obwohl die Haare noch nass sind und nicht gestylt.

Nicole sagt: «Na, sehen Sie, das war Markus!»

«Ja», nicke ich, «ich weiß, der Meister der Schere!»

Sie strahlt. «Und ich bin der Meister am Föhn!»

«Meisterin!», sage ich automatisch, das Gendern gefällt mir nicht an allen Stellen, aber hier ist es nun wirklich angebracht.

Sie nickt. «Genau», lächelt sie.

Nun die Brille wieder ab. Sie wuschelt durch mein Haar, nimmt keine Föhnbürste, ist blitzschnell mit dem Föhnen fertig, und ich kann es nicht glauben, es hat nur drei Sekunden gedauert. Ich starre mein Spiegelbild an. Ich sehe so viel besser aus, geradezu großartig, ich könnte aus dem Stuhl springen und durch den Salon tanzen und alle, auch Markus, umarmen.

Ich bezahle mit einem üppigen Trinkgeld für beide. Als ich rausgehen will, kann ich nicht anders, ich drücke Nicole kurz an mich, da schnappt sie mich und drückt mir drei Küsse auf die Wangen, rechts, links, rechts. «Mein Großvater ist aus Frankreich», lächelt die Meisterin am Föhn.

«Und seine Enkeltochter ist direkt dem Himmel entsprungen», sage ich.

Wenn ich wüsste, wie es geht, würde ich jetzt ein Selfie machen.

Ich räume blitzschnell meine Strandsachen in die Korbtasche. Wir sitzen nun ganz nah zusammen. Ich habe keine Ahnung, was er unter Kuscheln versteht, aber als er sich an mich schmiegt, ist das geklärt.

Einfach so

Ich sitze im Strandkorb und habe meine schrecklichen fünf Minuten. Und vier Stunden. Seit dem Aufstehen. Herrgott noch mal, wo kommen die Millionen Touris her? Laute Touris mit lauten Kindern, mit lauten Handys und riesigen Handtüchern, die meinen Strandkorb umzingeln und einen Heidenlärm in meinem Kopf erzeugen. Der schreit nämlich nun immerzu: Ich! Will! Hier! Weg! Früher war alles anders, schöner, friedlicher, stiller, billiger, ja, das auch, undsoweiterundsofort. Ach du meine Güte, ich könnte uferlos jammern, am meisten über mich, weil ich so blöd jammerig bin. Altersweise wäre ich gerne. Und gelassen. Jawoll. Aber nix da!

Da sprintet ein Junge, vielleicht fünf, sechs Jahre alt, über den Strand, rast auf mich zu, bleibt abrupt stehen, die nackten Füße stemmen sich in den Sand, fast höre ich Bremsen quietschen, und er schaut mich unverwandt an. Einfach so. Ich schaue einfach so zurück. Ich liebe Kinder. Aber dieses will ich jetzt gerade nicht. Ich habe schließlich ein Recht auf mein ... ja, auf was eigentlich? Keine Ahnung.

Der Kleine schmeißt sich neben mich, seine rote

Badehose ist feucht, er ignoriert meine Bücher, er schiebt sie einfach zur Seite und sagt: «Kann ich bei dir?»

Ich schnaube. Kann dieses Kind keine ganzen Sätze mehr? Oder noch nicht?

«Was meinst du?», frage ich, wohl wissend, was er meint. Aber mein Lehrerinnen-Gen trägt gerade kleine Teufelshörnchen. «Meinst du essen? Schlafen? Singen?»

Er reißt die Augen auf, die sind honigbraun, sehr wach, so, als hätte er bereits alles gesehen. Und durchschaut. Dann lächelt er.

Und ich kriege mich wieder ein. Ich weiß, ich kann nett sein. Ich erinnere mich soeben an solche Zeiten. Ich lächle zurück und füge hinzu: «Oder pupsen?»

Na bitte, er kichert.

«Echt jetzt?», frage ich. «Doch nicht so, dass meine Bücher wegfliegen? Oder dass es knallt wie an Silvester?» Er kichert wieder, jetzt schmelze ich, und mein eng gewordenes Herz wird wieder weit und hell. «Also», frage ich, «was möchtest du?»

Ich hatte *bleiben* oder *sitzen* erwartet. Aber er sagt allen Ernstes: «Kuscheln!»

Fast hätte ich schon wieder *echt jetzt* gesagt, aber ich bin sprachlos. Das sieht er als Einwilligung und rückt näher. Ich räume blitzschnell meine Strandsachen in die Korbtasche.

Wir sitzen nun ganz nah zusammen. Ich habe keine Ahnung, was er unter Kuscheln versteht, aber als er sich an mich schmiegt, ist das geklärt. Und obwohl es nun noch wärmer wird, halte ich das aus. Wir sagen nichts. Keine einzige Silbe. Noch nicht einmal einen dieser doofen Fragmentsätze. Wir kuscheln, und es macht mich froh. Ja, ich genieße es. Und ich bin ihm dankbar dafür.

«Soll ich dir was erzählen?», frage ich. Im Erzählen bin ich groß, dann wachse ich und werde bunt und stark und atme Leben ein. Und tief aus.

«Noch nicht», murmelt er.

Und ich staune. Er will einfach nur hier sitzen, nah an meiner Seite. Ohne Worte. Ohne Ungeduld. Ohne Scheu. Ich weiß nichts über ihn. So viele Fragen tummeln sich plötzlich in meinem Kopf. Warum ich? Wo kommt er her? Wieso braucht er Nähe? Und Stille? Meine Fantasie läuft auf Hochtouren, aber muss ich das alles wissen? Ich atme tief durch und verneine.

Der Junge schaut auf. «Jetzt!», sagt er.

Und ich beginne: «Es war einmal ein Junge, so alt wie du, der hat einfach so, wirklich, einfach so,

eine alte Dame in ihrem Strandkorb gekuschelt ...»
Und ich spinne weiter und weiter, ich erzähle, und er lauscht, manchmal nickt er, manchmal kichert er, einmal verbessert er mich und sagt: «Nö, das geht so», und unsere Geschichte wächst bis zu den Ostseewellen, als eine laute Stimme «Tiiimooo!!» brüllt und eine aufgeregte Frau quer über alle Handtücher und Decken rennt und den Strand absucht. Sie ist völlig aufgelöst, und ich verstehe.

Timo springt auf. «Ich muss», ruft er.

«Fische kitzeln?», rufe ich.

«Nö», quietscht er, winkt heftig und ist weg.

So manche hätte ich gerne spontan in den Arm genommen, besonders die junge Frau mit dem blassen Gesicht und den blauen und gelben Flecken um die Augen und ums Kinn. Sie hielt sich abseits und sah verfroren aus in ihrer dünnen Jacke.

Kaffee & Knifte

Ich musste mich weit zu ihm hinunterbeugen, um den Text um ihn herum lesen zu können. Er war die letzte Station auf unserem Gang durch die Bochumer Innenstadt mit der Aktion *Kaffee & Knifte,** bei der ein paar Ehrenamtliche in diesem Winter Obdachlose mit Kaffee, Tee, Butterbroten, Obst, Keksen und Decken, Mützen und Schals versorgen wollten. Alles, was helfen konnte, wurde in eine ausrangierte Postkarre geladen, die wir abwechselnd zogen, und dann ging es los. Die Treffpunkte, an denen sich die Obdachlosen in der Innenstadt regelmäßig einfanden, waren bekannt, und wir suchten sie kreisförmig auf.

Ich war neu dabei und aufgeregt. Mein Helferherz und meine Schriftstellerinnenseele wollten unbedingt mitmachen. Ich kann sehr dumm romantisch sein. Für mich war alles äußerst spannend, die

---

* Kaffee & Knifte ist eine Aktion von BODO e.V. Der Verein versorgt sowohl in Bochum als auch in Dortmund Obdachlose und hilft ihnen. Er hat sogar eine eigene Zeitung, einen eigenen Buchladen und eine Anlaufstelle, an der er Kleidung und Essen ausgibt.

ungewöhnlichen Menschen, die kurzen Gespräche, die scheuen Momente der Nähe, selbst Scherze waren möglich, niemals Rüpeleien, manchmal nur vorsichtige Blickkontakte, oft voller Scham, besonders bei den Frauen. Ihnen mussten wir unser Angebot häufig regelrecht aufdrängen. So manche hätte ich gerne spontan in den Arm genommen, besonders die junge Frau mit dem blassen Gesicht und den blauen und gelben Flecken um die Augen und ums Kinn. Sie hielt sich abseits und sah verfroren aus in ihrer dünnen Jacke. Als ich vor ihr stand und «Hallo» sagte, schaute sie bestürzt zu Boden.

«Ich hätte eine warme Decke, eine Mütze und einen Schal für Sie», sage ich. «Garantiert alles frisch gewaschen», füge ich schnell hinzu. «Und die Farben würden Ihnen stehen», sage ich leise.

Da blickt sie kurz auf, und ein kleines Lächeln flattert durch ihre Blessuren. Ich zeige ihr Mütze und Schal aus warmer, bester Wolle, kunterbunt und fröhlich. In die Decke rolle ich ein paar Butterbrotpakete und zwei Äpfel und verschnüre alles mit einem Fahrradgummi.

«Sollen wir die Mütze mal ausprobieren?», frage ich, und als sie nickt, setze ich sie behutsam auf ihren Pagenkopf, wickele den Schal um ihren Hals und zupfe beides so zurecht, dass viele der blauen Flecken fast verschwinden. «Sehen Sie mal», sage ich und schiebe sie näher an eins der Schaufenster in der Bahnhofspassage. Sie schaut ihr Spiegelbild konzentriert und lange an. Dann packt sie das Deckenpaket unter den Arm, sie hält es aus, dass ich sie anlächle, sie flüstert etwas, was wie *Sister* klingt, dreht sich um und geht davon.

Unsere letzte Station war unter der Brücke vor dem Schauspielhaus, da wollten die beiden anderen Frauen nicht mehr hin. «Dem gehen wir sowieso nur auf den Keks», sagten sie, aber ich war neugierig und wollte wissen, was sie meinten. Sie blieben am Fußgängerüberweg wartend stehen, und ich ging zu einer Gestalt, die nur schlecht zu sehen war im fahlen Licht der Brückenbeleuchtung. Sie saß auf den kalten Pflastersteinen, um sich herum hatte sie einen Pappkarton aufgefaltet wie einen Paravent, etwa einen halben Meter hoch. Als ich näher kam, sah ich einen Mann, der eine sibirische Mütze mit langen Ohrenwärmern trug. Er schaute herausfordernd in mein Gesicht.

«Hallo», sagte ich. «Kann ich Ihnen irgendetwas bringen, Kaffee, Tee? Oder Butterbrote, Obst, Kekse, eine Decke?»

«Das Wahnsinns-Fünf-Sterne-Angebot, was?», murmelte er und schaute weiter so eindringlich in mein Gesicht, dass ich blinzeln musste und wegschaute. Blöd auch, dass ich auf ihn herunterblicken musste. So richtig blöd. Er zeigte wortlos auf seinen Balkon aus Pappe. In einer ordentlichen Schrift, ohne Linien fast exakt waagerecht, las ich, und ich musste mich tief bücken:

An die hochwohllöblichen Damen des Amts der Ehre. Bitte erfreuen Sie Ihr Gewissen an anderer Stelle. Ich möchte mit jeglicher von mir erwarteten Danbarkeit verschont bleiben.

Über die *Danbarkeit* stolpere ich und blicke hoch. «Okay», sage ich. «Das verstehe ich, sorry, bin schon weg.» Ich drehe mich um und gehe.

«Ich weiß, dass ich das *K* vergessen habe», ruft er, «aber das passt doch in Ihr Bild von uns, oder?»

Ich bin betroffen, ich fühle mich zurückgewiesen, auch irgendwie durchschaut. Ich gehe die paar Schritte zu ihm zurück, sage nochmals «sorry!» und reiche ihm die Hand.

Er nimmt sie tatsächlich, und als ich das Wort «Frieden» flüstere, drückt er sie.

«Is' schon okay», sagt er. «Is' okay.»

Aber nun hatte wohl jemand mit einer ganzen Tonne Zauberkraft diesen Ort verwandelt. Das Geländer der Treppe war mit Lichterketten umrankt, auf den Stufen standen Kerzen, Fackeln erleuchteten das Drumherum, und von innen schimmerte ein geradezu magisches Licht nach draußen.

Magie

Es ist kalt und schon dunkel draußen, und ich überlege, ob ich überhaupt hingehen soll. Ich bin so schlapp vor Kummer, dass ich kaum die Treppenstufen vor meinem Haus hinuntersteigen kann. Ich hatte mich für längere Zeit in mein Schneckenhaus zurückgezogen, um so richtig schön zu leiden, das kann ich gut, das ist der Krebsaszendent in mir, aber hilfreich ist das nicht. Mein Seelenzustand war auf Punkt Null gelandet, nein, eher so in Richtung minus zehn.

Aber die Opera School hier in Gelsenkirchen, die mit Kindern und Jugendlichen, alles Laien, jedes Jahr ein Musical einübt, hatte mich zu ihrem Workshop-Abschlussfest eingeladen, ich hatte schon einmal bei einer ihrer Weihnachtsfeiern Weihnachtsgeschichten vorgelesen, die einzigen drei, die ich habe. Und die ehemalige Maschinenhalle der Zeche Consol war ja direkt bei mir auf dem Gelände meines Wohntrakts, sie ist ein wunderbarer Ort für Events aller Art. Direkt vor der Halle steht der alte Förderturm, der bei besonderen Anlässen auch schon mal angestrahlt wird.

Ich beschloss, dass es Zeit wäre, mein Gemüt von minus zehn auf mindestens zwei Grad über Null hochzupuschen, und machte mich auf den Weg. Aber die eingeladenen Menschen strömten nicht in die Maschinenhalle, sondern kletterten die rostigen Stufen zum Inneren des Förderturms hinauf. Das Innere ist allerdings nichts weiter als ein schmodderiger Raum mit Unrat und Pfützen. Die Industriefenster haben kein Glas mehr, und der Wind pfeift hindurch, in zwei Ecken haben sich bereits kleine Bäumchen eingenistet, und als ich einmal hineingeschaut hatte, sah alles trist und verrottetet aus.

Aber nun hatte wohl jemand mit einer ganzen Tonne Zauberkraft diesen Ort verwandelt. Das Geländer der Treppe war mit Lichterketten umrankt, auf den Stufen standen Kerzen, Fackeln erleuchteten das Drumherum, und von innen schimmerte ein geradezu magisches Licht nach draußen.

Ich, die ich schon immer sehr stark auf Lichtstimmungen reagiere, bin völlig hin und weg. Ich bekomme diese Gänsehaut, die meine Tanta Paula früher «Hühnerpelle» nannte, und irgendeine Wunderkerze zischt gerade pfeilgenau in meinen Gemütsfriedhof. Zack, da bin ich auf alle Fälle schon mal bis mindestens plus fünf aufgestiegen.

Innendrin flackern zwei Feuerkörbe, der Betonboden ist gesäubert, die Pfützen getrocknet, die Bäumchen haben Lichterknospen, kleine Strahler leuchten von unten in die Stahlkonstruktion des Turms, lange Tische mit Bänken stehen verteilt, auf ihnen ist ein ganzes Meer von Kerzen, ein Büfett samt Grill und einer kleinen Getränkebar ist in einer Ecke aufgebaut, und es duftet bereits köstlich.

Es war so überraschend, so märchenhaft, so fremd und unwirklich schön, dass es auf der Stelle meine angesammelte Dunkelheit erhellte. Ich kannte eigentlich so gut wie niemanden hier, das machte überhaupt nichts, ich suchte mir einen Platz, von dem aus ich die ganzen Wunder bestaunen konnte, und wollte nie, nie wieder weg.

Irgendwann saßen rechts und links und gegenüber mir fremde Menschen, wir hätten alle in eine lange Umarmung sinken können, der Frieden in diesem Raum umhüllte uns wie ein warmer Mantel, und alle hatten den Zauber in ihren Augen. Immer, wenn neue Menschen eintraten, konnte man genau sehen, wie der Moment der Verzauberung wirkte, alles Graue und Schwere fiel von ihren Schultern und löste sich im Rauch der Feuerkörbe auf. Die Kinder wurden ganz still, die Gespräche leise, das

Bedürfnis zu reden kam erst später, erst einmal musste dieses Wunder in uns allen Platz nehmen.

Ich war so dankbar, das alles teilen zu dürfen und hier, auf diesem besonderen Grundstück, in diesem besonderen Wohntrakt mit Türmchen, Kapelle und Pförtnerhäuschen, mit Hund und Katz, mit Maschinenhalle und Förderturm, ein Zuhause gefunden zu haben, dass ich meine Genesung in jeder Zelle fühlte. Dieses haushohe Wohlgefühl, höher noch als der Förderturm, erzeugte gerade einen Heilungstsunami, der mich erschütterte und mit einem grenzenlosen Vorrat an Wundererinnerungen für graue Tage überschwemmte.

Und dann sangen die Kinder, und ich hatte das starke Gefühl, ein leuchtender, pulsierender Teil des Universums zu werden, von jedem Satelliten aus deutlich erkennbar, ich verlor jegliche Bodenhaftung und flog davon. Mit Kawumm mitten rein in mein Herz, das sagte: Da bist du ja endlich. Wo warst du so lange?

Der Teenager dreht die Rose zwischen den Fingern, als ein Blatt abfällt, hebt er es auf und steckt es in seine Hosentasche. «Sie ist kein Holzklotz», sagt er leise. «Sie ist …» Er denkt eine Weile nach, dann flüstert er: «Sie ist eher so was wie ein Veilchen … oder so.»

Veilchen oder so

Ich sitze in der Straßenbahn von Gelsenkirchen nach Essen, es kommt mir wie eine halbe Weltumrundung vor, aber das ist okay. In Bus, Bahn und allen öffentlichen Verkehrsmitteln bin ich kein kommunikativer Mensch. Ich will in Ruhe die Mitfahrenden um mich herum beobachten, ihnen eine Geschichte auf den Leib schreiben, die sie erstaunen würde.

Der mittelalte Mann zwei Plätze weiter hat einen unförmig selbstgestrickten Pullover an. Damit hat er bei Youtube stricken gelernt, jetzt will er mit dem Wollsack die hübsche Nachbarin beeindrucken, die leuchtend bunte Strickschals trägt. Die, aber das weiß er nicht, findet, strickende Männer sind Weicheier. Er tut mir auf der Stelle leid. Das pummelige Mädchen mit dem Kopftuch und den kilometerlangen Wimpern muss gleich unbedingt ihre Nana anrufen wegen der gefüllten Weinblätter, mit der sie morgen die nölige Schwiegermutter fertigmachen will.

Da schmeißt sich ein Teenager auf meine Bank und drückt mich zur Wand. Ich drücke zurück. Er blickt auf und sagt: «Oh, sorry. Ich kann auch stehen. Dann können Sie Ihre Tasche und so ...»

Ich schaue ihn an, er hat traurige Augen. «Rück einfach ein bisschen zum Gang, dann haben wir beide Platz», sage ich.

«Is' okay», sagt er und tut es artig.

Seit ich eine Dame im besten Alter bin, ähem, ein wenig drüber hinaus, entdecke ich mit Erstaunen, dass ich auf junge Leute – oft sind es Männer – irgendwie beruhigend wirke; sie besinnen sich auf der Stelle auf ihr gutes Benehmen, wie auch immer, und ich gebe zu, ich kann das gut leiden. Da habe ich wohl so ein knospendes Großmutter-Gen, das gerade seine Fähigkeiten übt. (Ich habe keine Kinder und somit auch keine Enkel, aber Gene scheinen nicht alles zu wissen.)

Der junge Mann hält eine Rose in den Händen.

Ich traue mich und frage: «Willst du jemanden besuchen?»

Er schaut auf den Boden und druckst: «Kann man so nich' sagen. Nich' wirklich, irgendwie.» Und nach einer Pause sagt er: «Kann ich Sie mal was fragen?»

«Na klar», sage ich. Unbedingt. Mein Schriftstellerinnenherz leuchtet gerade heftig auf.

«Nur mal so», sagt er, «ich frage jetzt mal was für 'nen Kumpel, Sie haben ja Ahnung vom Leben» (sagt er tatsächlich) «und vielleicht» – er schluckt – «also, der Kumpel hat so richtig Scheiß gebaut, aber so richtig voll fett.»

Klar, dass der Kumpel er selber ist. Ich bin gerührt. «Was hat er getan?», frage ich, und als weltbeste Miss Marple, die ich bin, weiß ich, für wen die Rose ist. Da ist selbstverständlich ein Mädchen im Spiel. «Hat er jemanden beleidigt oder so?», frage ich.

Der Junge schweigt. «Ja, irgendwie voll daneben», murmelt er.» Hat richtig Scheiß gebaut, und jetzt will sie nichts mehr von ihm wissen.»

«Aha», sage ich, «verstehe. Dann muss er eines tun, er muss es ihr sagen. Ich meine, dass er weiß, dass er Mist gebaut hat. Und dass es ihm leid tut.» Wir schweigen. «Er sollte ihr noch sagen, dass ihm klar ist, wie sehr er sie verletzt hat.»

«Ja?», flüstert der Junge.

«JA!», sage ich energisch. «Er sollte ihr sagen, dass es ihn umgekehrt umgebracht hätte. Und das einzig Gute daran wäre, dass er nun sehr genau weiß, wie sehr er sie mag.»

«Ehrlich jetzt?», sagt der Junge, und ich nicke heftig. «Wenn sie kein Holzklotz ist, wird sie weich werden.» Er hört sehr konzentriert zu. Wir schweigen.

Der Teenager dreht die Rose zwischen den Fingern, als ein Blatt abfällt, hebt er es auf und steckt es in seine Hosentasche. «Sie ist kein Holzklotz», sagt er leise. «Sie ist ...» Er denkt eine Weile nach, dann flüstert er: «Sie ist eher so was wie ein Veilchen ... oder so.»

Ich könnte ihn jetzt auf der Stelle in den Arm nehmen und ans Herz drücken. Es würde ihn zu Tode erschrecken, und ich lasse es. Ich sage: «Auch das sollte dein Kumpel ihr sagen, dass sie wie ein Veilchen ist, wie der Frühling, so zart ...» Ich kann mich noch so eben bremsen.

«In echt?», fragt er.

«Glaube einer alten Lady», sage ich.

Und er sagt doch tatsächlich: «Ach, bestes Alter ...» und zwinkert mir zu.

Also wirklich, denke ich und bin entzückt.

In Katernberg springt er auf. «Ich muss raus», erklärt er, schnappt sich seinen Rucksack, reicht mir die Rose und ruft: «Danke. Ich kauf ihr 'ne neue. Und tschüss noch!» Und weg ist er.

Voll das Leben, denke ich und schicke ihm die besten Wünsche hinterher. Ihm und dem Veilchen.

Die Verwandtschaft meiner Mutter rümpfte die Nase, die väterliche Seite war amüsiert, not very, aber ein bisschen, er war halt der Familienfreak. Ich liebte ihn und wollte unbedingt auch mal so ein schräger Typ werden.

Marotten

Ich fluche vor mich hin, das kann ich gut. Natürlich über mich. Über mich am besten. *Hast mal wieder keine Idee,* sage ich dann zu mir in einem strengen, schulmeisterlichen Ton. Der Schulmeister hat einen festen Platz in mir, er hat sich frech Dauerwohnrecht besorgt. *Nix los in deinem Kopf,* sagt er, es ist keine besorgte Frage, sondern eine niederschmetternde Behauptung. Und die Stimme meiner Mutter fügt noch hinzu (aus dem Jenseits oder sonst woher): *Habe ich nicht immer gesagt, bleibe im Schuldienst, bleibe verbeamtet?*

Ich könnte sie alle einfach rauswerfen, aber sie sind hartnäckig unhöflich und bleiben. Mein Kopf bleibt natürlich auch. Und natürlich bleibt er leer, leer wie eine umgekippte Kanne Milch. Und milchweiß bleibt dieses blöde, leere Blatt Papier vor mir. Ich will aber loslegen, mein Füller ist gefüllt, ich liebe ihn, er schreibt weiche und wunderbare schwarze Muster wie Ornamente aufs Papier. Wenn er in Fahrt ist.

Jetzt liegt er müde und antriebslos vor den leeren Blättern.

Lass es uns versuchen, seufze ich, *bitte sei kooperativ.* Ich will ihn greifen und erschrecke. Ich habe Besuch. Völlig unangekündigt, sehr überraschend, sehr unauffällig. Ein Marienkäfer, winzig, schwarz mit weißen Tupfen, die Flügelchen ordentlich unter den Schutzflügeln versteckt, wie Unterwäsche, denke ich. HA! Mein Kopf hat noch was drauf, und ich nehme den Füller vorsichtig in die Hand.

Guten Tag, sage ich mit meiner samtweichen Milch-und-Honig-Stimme, die ich für Babys, Welpen, kümmerliche Pflanzen und Tiere jeder Art habe. Auch für Nacktschnecken und kränkelnde Fliegenpilze. Ich weiß, ich weiß, manche glauben jetzt, das ist das Alter, die hat 'nen Knall, aber jetzt mal ehrlich, ich liebe Leute, die 'nen Knall haben. So einen, den man verwundert bestaunt: Ist das jetzt ernsthaft so?, fragt man sich und freut sich daran, ich kann das jedenfalls. Ist der Knall zu laut, kann man sich ja die Ohren zuhalten oder weggehen.

Menschen mit Marotten aller Art faszinieren mich, schon als Kind zogen sie mich heftig an. Da gab es meinen Onkel Leo zum Beispiel, der nie Geld hatte, aber einen viel zu langen Trenchcoat, den er niemals zuknöpfte und mit dem er durch die Stadt flatterte wie eine Fledermaus mit einem Filzhut auf dem Kopf, den er viel zu weit hinten trug. Gab es Geld, kauft er Berge von Delikatessen, verschwand damit in seinem Zimmer, schloss sich ein, und man konnte laut Orpheus in der Unterwelt hören. Für mich hatte er immer ein Stück Nougat mit dicken Nüssen mitgebracht. Manchmal saß er auch an seinem Klavier und hämmerte: «Wir brauchen keine Weiber, wir sind selber schöööön.»

Die Verwandtschaft meiner Mutter rümpfte die Nase, die väterliche Seite war amüsiert, not very, aber ein bisschen, er war halt der Familienfreak. Ich liebte ihn und wollte unbedingt auch mal so ein schräger Typ werden. Ich habe aber keine Marotten, ehrlich, vielleicht aber genügend für meine Mitmenschen, die sie mir nicht verraten und höflich ertragen.

Na gut, na gut, ich spreche halt mit Tieren aller Art und mit mickerlichen Pflanzen, ich benutze eine Rute für bestimmte Fragen, bei mir hängt überall die Blume des Lebens, und ich tanze wild und gefährlich, wenn mich die Wut überkommt oder eine große Freude. Ich umarme Bäume und gärtnere mit den Mondphasen. Und ich erfinde meine ganz eigenen Mantras in brenzligen Situationen, aber das weiß niemand.

Der Marienkäfer dreht sich um, er läuft am Füller hoch, und als ich ihm meinen Finger anbiete, nimmt er dort Platz. Er kitzelt ein wenig, ich lächle und sage: *Ja, ich freue mich auch, dich zu sehen. Be welcome.*

Er verharrt. Ich suche seine Augen, wir schauen uns an, wir mögen uns. Unangemeldete Besuche können ja oft komplett in die Hose gehen, man tauscht die Wetterberichte, die Leberwerte, die Neuigkeit, dass die Freundin X mal wieder 'nen anderen Lover hat, und niemals schaffe ich es zu sagen: *Sorry, tut mir leid, es geht grad nicht.* Oder: *Echt jetzt? Ehrlich gesagt, interessiert mich das nicht.*

Aber dieses klitzekleine Wesen ist so zauberhaft, es stört nicht, es will nichts, es fühlt sich nur wohl und macht, dass ich es auch tue. Ich sage ihm das.

Da springt Oskar auf den Schreibtisch und schmeißt sich quer über das blöde weißleere Papier, das tut er zu gerne und oft. Ich zeige ihm meinen Besuch. *Das ist mein Gast,* sage ich, und zu dem Marienkäfer sage ich: *Das ist Oskar, die Liebe meines Lebens.* Oskar hört meine Samtstimme und schnurrt sofort los.

Mein Besuch klettert an meinem Finger hoch und blickt mich an. *Du schaffst das schon*, sagt er. Und ich sage: *Danke. Das hilft. Bleib noch etwas da.*

Versteckt hinter einer riesigen Kirschlorbeerhecke stand er, sehr groß, sehr alt, aus hellem Stein, der fast überall bemoost war, und er war ein Wunder.
Das Gesicht war liebevoll und tröstend, er schaute auf mich herunter und streckte seine Arme nach mir aus.

Einfach himmlisch

Er hat mich viele Jahre begleitet. Er war ein Tröster, und eigentlich ist er eine Sie. Dann habe ich ihn vergessen, aber hin und wieder bin ich an anderen Orten einer seiner Schwestern begegnet. Und in einem meiner Kinderbücher bekam er eine imposante Nebenrolle. Jetzt, bei einer Lesung aus diesem Buch, berührt er mich aufs Neue und, wie ich merke, die Kinder auch. Als sie danach etwas aus der Geschichte zeichnen dürfen, haben sie fast alle diesen Engel gewählt, einen alten großen Friedhofsengel aus Stein. Auch für die Kinder war dieser Engel eindeutig eine Sie.

Schon als Kind liebte ich Friedhöfe, sie hatten diese wundervollen alten Bäume mit diesem grüngoldenen magischen Licht darunter, da gab es Bänke und alte Brunnen und verwunschene Plätze, an denen ich mich unsichtbar machen konnte. Und in dieser geheimnisvollen Ruhe wurde ich immer sanft und still.

Leider konnte ich von zu Hause nicht oft entwischen, aber wenn es gelang, schnappte ich meinen Roller, später das Fahrrad, büxte aus und fuhr durch die sonnige Freiheit zu meinem Lieblingsort. Dort konnte ich jeglichen Ärger, Kummer, Einsamkeit und Verzweiflung hinter mir lassen. Meine heftige Wut über den täglichen Familienstress, die ich nie ausdrücken durfte, sie schrumpfte dort auf die Größe eines Maggi-Würfels. Und irgendwann hatte ich diese unerwartete, ja fast erlösende Begegnung mit ihm. Versteckt hinter einer riesigen Kirschlorbeerhecke stand er, sehr groß, sehr alt, aus hellem Stein, der fast überall bemoost war, und er war ein Wunder.

Das Gesicht war liebevoll und tröstend, er schaute auf mich herunter und streckte seine Arme nach mir aus. Wie gerne wäre ich dort hineingesprungen! Und natürlich, ganz klar, war er eine Sie. Eine himmlische Schwester oder Freundin oder Mutter. Wie oft saß ich dort an ihn gelehnt und genoss den Frieden meines Engels. Oder ich saß im Schneidersitz ihm gegenüber, weil ich mit ihm reden wollte. Er brauchte keine Worte, er hörte alles und wusste alles. Und egal, wie verkorkst ich war, wie unangenehm, ängstlich, schüchtern, trotzig, wütend, klein und ohne Bedeutung, bei ihm war ich immer richtig.

Jedes Mal fuhr ich von diesem geheimen Ort gestärkt und voller Hoffnung, dass alles irgendwie gut werden würde, nach Hause. Und das Beste war, ich konnte ihm überall begegnen. Ich musste nur meine Augen schließen, heftig an ihn denken, ihn bitten zu kommen, und er war da. Sie war da, dann konnte ich mich von ihrer Wärme umhüllen und füllen lassen.

Häufig wurde ich bei diesem «Wegtreten» erwischt und scharf zurechtgewiesen. Tagträumereien waren nicht erlaubt. Doch dann war mir mein liebevoller, mütterlicher Engel eine Zeit lang verloren gegangen, das Leben kam dazwischen – mit Studium, Ehe und Beruf.

Aber, aber ... Irgendwann flatterten die Engel aus allen Richtungen zu mir zurück, weil sich irgendwie herumgesprochen hatte, dass ich voll auf dem Eso-Trip sei und einen Engeltick hätte. Nun kamen sie tatsächlich von überall her, selbst vom weit entfernten Neuseeland.

Bücher, Karten, Poster, Glanzbilder, Püppchen und selbst Puzzles füllten meine Wohnung. Bis mir das alles zu viel wurde. Es ging mir auf den Keks. Nicht die Engel, aber dieses ganze Zeugs. Ich verschenkte alles, und dann überfiel mich plötzlich eine heftige Sehnsucht nach meinem alten Begleiter, meiner liebevollen Begleiterin, nach meinem Schutz und Tröster.

Ich fuhr los, ich wollte meinem Engel wieder begegnen und unbedingt ein Foto machen. Ich suchte ihn in meiner Heimatstadt auf dem alten Friedhof, der sich sehr verändert hatte, und es gab ihn nicht mehr.

Was natürlich Unsinn ist. Es gibt ihn immer noch. Ich muss einfach nur die Augen schließen, in die Ruhe kommen und geduldig sein. Und vorher bitte ich ihn natürlich darum, mich zu besuchen. Und Sie kommt. Sie hat mich nicht vergessen. Und wie immer nimmt Sie nichts übel, und ich bin richtig. Und wie immer tut das wunderbar gut.

Dieser Fellkuschelwelpenhusky schaute so flehend in mein Gesicht, dass es um mich geschehen war. Er musste mit. Er brauchte Trost, ich brauchte Trost, nun denn, es war entschieden.

Why not?

Das Alter hat mich längst voll erwischt, das konnte ich immer gut aushalten. Aber nun haut mich ein schlichter grippaler Infekt so stark um, dass ich glaube, um weitere zehn Jahre gealtert zu sein, so schlapp, antriebslos und absolut freudlos liege ich auf dem Sofa oder im Bett und kann nix tun. Gar nichts, nothing, niente, nada. Noch nicht einmal zum Jammern habe ich die Kraft. Und es dauert. Und dauert. Gefühlte fünf Jahreszeiten.

Und der schlichte Infekt war nicht schlicht. Er war hinterhältig und nachtragend. Ich wollte niemanden sehen, ich hatte einfach nicht die Kraft dazu, und gleichzeitig spürte ich zum ersten Mal in meinem Leben eine heftige Vereinsamung. Fast nicht auszuhalten. Ich begann meine Wohnung, mein Sofa und mein Bett zu hassen.

Aber dann, wirklich plötzlich und unerwartet, geschah es. Es gab den ersten Tag, der mich wieder mit dem Leben verband.

Ich spüre Freude, als ich nach draußen in den blauen Himmel blicke, und will raus. Sofort und auf der Stelle, ich will das sonnige Herbstlicht umarmen und alle, wirklich alle mir freundlich begegnenden Menschen.

Ich war geradezu ausgehungert nach Begegnungen, nach frischer Luft, nach Freude. Und trotz wackeliger Beine und einiger Schweißausbrüche mischte ich mich am Frühstücksbüfett bei IKEA unter all die vielen Menschen, die wundersamerweise ebenfalls, mit mir zusammen, frühstücken wollten. Ich schlich, immer noch so lahm wie eine fußkranke Schnecke, mit meinem Tablett zu einem sonnigen Tisch am Fenster und genoss alles, das Licht, die Geräusche, die Menschen, meine Wiedergeburt und meine Auferstehung von den Fast-Toten.

Der dringend auszutauschende Küchenschrank war am Infopult geordert und würde demnächst geliefert. Und in der Kinderabteilung war ich dann geliefert. In echt und bei vollem Bewusstsein. Dort standen vier große Körbe mit Plüschtieren: Dinos, Affen, Delfine und Huskywelpen. Ich dachte an die kleine Nora, das vier Monate alte Baby meines Patenkindes, aber eigentlich dachte ich an mich, nein, ich dachte nicht, ich fühlte, wie ich als kleines Mädchen mit sehnsüchtigen Augen, ängstlich und immer irgendwie einsam, eins dieser Plüschtiere dringend als Trost gebraucht hätte. Ihr weiches, sanftes Plüschfell hätte mich gestreichelt, und wir hätten uns geliebt. Aber ein Plüschtier gab es in meinem Kinderleben nicht. War nicht darin vorgekommen.

Ich verbrachte unendlich lange an dem Korb mit den Huskywelpen, denn als Puppengestalterin in einem Figurentheater hatte ich erfahren, dass es die Winzigkeiten im Gesicht der Figur sind, die ihren Charakter ausdrücken. Und obwohl alle Huskys auf den ersten Blick gleich aussahen, täuschten sie mich nicht. Die Höhe der Augen, ihr Abstand, die Mundwinkel, der Sitz der Nase, das ganze Zusammenspiel konnte mit zwei, drei Millimetern Unterschied ihr ganzes Wesen verändern: lieb, böse, dumm, verschlagen, pfiffig, neugierig, flehend.

FLEHEND? Tatsächlich. Dieser Fellkuschelwelpenhusky schaute so flehend in mein Gesicht, dass es um mich geschehen war. Er musste mit. Er brauchte Trost, ich brauchte Trost, nun denn, es war entschieden. Ich liebte ihn auf der Stelle. Ich drückte ihn an die Brust und ließ ihn nicht mehr los. Das Bezahlen einhändig war etwas kompliziert, aber es gelang.

Im Auto sitzt er dann auf meinem Schoß, zu Hause auf dem Sofa lasse ich ihn nicht mehr los, meine Hand liebkost das weiche Fell, und seine verstehenden Augen füllen meine mit Tränen. Albern? Hmm, aber ich lasse es zu. Kümmernis, Einsamkeit und Trübsinn verabschieden sich gerade, und eine tiefe Freude und ein spürbarer Trost erfüllen mich.

Ich denke plötzlich erschrocken: Erzähl das bloß niemandem. Eine völlig ausgehungerte alte Lady, komplett kindisch und voll peinlich, wie die Kids sagen würden. Närrisch geradezu. Erzähl das bloß keinem. Und dann, als ich im Bett liege und lese, das Plüschwesen auf dem Schoß und später im Arm, denke ich trotzig: Why not? Wir gehören zusammen. Wir trösten uns. Wir tun uns gut. Also, zum Teufel noch mal, why not? Nora wird ein anderes Tier bekommen. Und nein, ich bin nicht kindisch. Ich bin befreiend kindlich. Jawoll!

Wir kuscheln uns in den Schlaf, er findet das in Ordnung, ich finde das in Ordnung. Alles ist gut.

Dann stellt er mir jede Menge Fragen, wie ich die Geschichte und die Personen entwickle, und ich lege los. Kein weiterer Kunde weit und breit. Ich sehe den Kaffeeautomaten, die frisch belegten Brötchen, verwerfe das Frühstück Royal und genehmige mir eins für Fernfahrer. Das findet er klasse.

Echt jetzt?

Ich bin mit dem falschen Fuß aufgestanden, über den Teppich gestolpert, habe die volle Kaffeetasse über Tisch, Sofa und sämtliche Kissen gekippt und meine Kontaktlinsen verschlafen durch den Abfluss in die Emscher gespült, und das alles innerhalb von dreißig Minuten. Dann brauche ich mindestens weitere dreißig Minuten, um meine Brille zu finden, die ich so gut wie nie benutze, und ich denke, das einzig Tröstende wäre jetzt ein Frühstück de Luxe, eines erster Klasse. Ich beschließe, die üppigen Preise zu ignorieren und im Schloss Berge zu frühstücken. Ja, das MUSS jetzt sein.

Als ich losfahren will, leuchtet die Tankanzeige. Na super, das passt doch voll in dieses Pechprogramm. Ich fahre die nächste Tankstelle an, und als ich den Kassenraum betrete, lächelt mich ein hübscher junger Mann mit einem kindlich-runden Gesicht an, und meine miese Stimmung hebt sich ein wenig.

Er betrachtet mich intensiv, ohne jegliche Scheu, und ich werde leicht nervös. Habe ich noch Zahnpasta rund um meinen Mund? Wäre ja irgendwie passend. Dann lächelt er noch einmal mit mindestens fünfundvierzig strahlend weißen Zähnen und sagt: «Darf ich Sie mal was fragen?» Ich nicke, und er sagt: «Sie sind bestimmt eine Abteilungsleiterin, hab ich recht?»

Jetzt bin ich so platt wie meine Kreditkarte. Das muss an meiner Brille liegen, ich sage ihm das, aber er verneint heftig. Ich muss ihn enttäuschen, aber gleichzeitig denke ich: WOW!, er glaubt, dass ich noch voll im Berufsleben bin. Nochmals wow, denn ich bin nun schon neun Jahre in Rente. Ich verschweige ihm das.

Als ich ihm verrate, dass ich Bücher schreibe, für Kinder und für Erwachsene, bekommt er große Augen. «Echt jetzt?», fragt er und will meinen Namen wissen. Den kennt er natürlich nicht, und Kinder wird er wohl auch noch keine haben, die meine Bücher lesen.

Er ist schwer beeindruckt, er liebt Bücher, beteuert er, Science-Fiction. Nun gut, das ist nicht mein Metier, dafür fehlen mir leider jegliche Fantasie und jegliches technische Knowhow. Ich frage ihn, ob er sich auch alle diese Blockbuster zum Thema ansieht, und er verneint es fast empört. Nein, keine Filme, er hat lieber seine eigenen Bilder im Kopf.

Ich strahle ihn an. Jetzt bin ich schwer beeindruckt. Der perfekte Leser, denke ich und stelle ihm jede Menge Fragen und bekomme begeisterte Antworten. Das Faszinierendste für ihn sind die Charaktere, er liebt es, wenn sie so gut beschrieben sind, dass er sich vollständig in sie hineinversetzen kann, auch in die Bösewichte, das findet er gut.

Dann stellt er mir jede Menge Fragen, wie ich die Geschichte und die Personen entwickle, und ich lege los. Kein weiterer Kunde weit und breit. Ich sehe den Kaffeeautomaten, die frisch belegten Brötchen, verwerfe das Frühstück Royal und genehmige mir eins für Fernfahrer. Das findet er klasse. Ein Kunde bezahlt und verschwindet wieder. Der Kaffee ist gut, und, o Wunder, ich kippe ihn nicht über seine Theke.

Wir kehren zu den Büchern zurück, und er zeigt mir drei Bibliotheksausweise, einer davon ist für die große Bücherei in Bochum. Er ist IMMER gut versorgt, sagt er und erklärt mir, dass man sich im Internet über Science-Fiction austauschen kann, da kennt er jetzt jede Menge Kumpels, und sie geben sich gegenseitig Büchertipps.

«Echt jetzt?», frage ich, ich habe von so etwas keine Ahnung. Kein winziges bisschen. «Null!», würde er sagen.

Als sich der Kassenraum füllt, beschließe ich, mich zurückzuziehen. Ungern, stelle ich fest. Als ich mich verabschieden will, sagt er bittend: «Einen kleinen Moment noch.» Und als wir wieder allein sind, druckst er etwas herum und fragt verlegen: «Darf ich Sie um etwas bitten?»

«Natürlich», nicke ich, und da kommt er um die Theke herum und sagt: «Ich würde Sie einfach gerne mal drücken!»

Wir tun es und nehmen uns in den Arm. Einfach so. «Danke», sagt er nach einer Weile, und ich sage mit weitem Herzen: «Gern gescheh'n!»

Im Auto denke ich wehmütig, so ein Enkel wäre ein echtes Geschenk. Und dann beschließe ich, dass es ein wunderbarer Tag ist. Die Abteilungsleiterin hat nämlich mit sofortiger Wirkung dem Pechprogramm gekündigt. Es ist gefeuert.

Es waren die ersten echten Schneeglöckchen, die ich je gesehen hatte, und sie waren noch schöner als auf den Bildern in meinem Bilderbuch. Wenn ich sie betrachtete, begann ich sofort mühelos zu schrumpfen, damit ich unter ihnen sitzen konnte, im weichen Moos zwischen den Bäumen.

Waldvoll

Als ich etwa fünf Jahre alt war, überraschte mich das Leben so stark, dass ich restlos überfordert war und mich am liebsten in meinem Geheimversteck verkrochen hätte. Das war hinter meinen Augen. Tief in mir drin. Keiner konnte es finden. Ich fand es immer mühelos. Ich musste nur die Augen schließen und ruhig werden. Dann sank ich tief und tief und tiefer in ein weiches Moos, zart und grün, und die Schatten und das Licht unter den Bäumen ringsherum waren wie warme Arme, die mich hielten.

Mein Vater hatte Schneeglöckchen von irgendwoher mitgebracht, von einem seiner langen, einsamen Spaziergänge, weg von der engen Wohnung, den ewigen Spannungen, weg von den grauen Häuserzeilen, hin zum Wald am Stadtrand. Er hatte immer Förster werden wollen im fernen Ostpreußen, nun war er ein Finanzbeamter. Ein *kleiner* Finanzbeamter, wie meine Mutter stets betonte. Er hielt die zarten Stängel ganz vorsichtig, er reichte sie nicht meiner Mutter, er beugte sich zu mir herunter und flüsterte verschwörerisch: «Sieh mal, was ich im Wald für dich gefunden habe ...!»

Es waren die ersten echten Schneeglöckchen, die ich je gesehen hatte, und sie waren noch schöner als auf den Bildern in meinem Bilderbuch. Wenn ich sie betrachtete, begann ich sofort mühelos zu schrumpfen, damit ich unter ihnen sitzen konnte, im weichen Moos zwischen den Bäumen.

Über mir sirrrrten ein paar Elfchen mit ihren schillernden Flügeln, ab und zu streiften sie mein Gesicht, oder eins nahm neben mir Platz. Aus einem dicken Fliegenpilz trat mein Lieblingswichtel, sein Mützchen wippte, sein grünes Höslein saß stramm, und ich konnte einen Blick in sein Häuschen werfen. Ich sah sein ordentlich gemachtes Bettlein und einen Herd wie in unserer Küche.

Elfen, Wichtel und ich hockten unter den Schneeglöckchen, und sie lockten das Abendrot mit ihrem zarten Geläut. Das erzeugte ein kribbelndes Glücksgefühl in meinem Bauch, für das ich nur ein einziges passendes Wort fand, es machte mich bis oben hin *waldvoll*.

Als mein Vater mir diesen kleinen Strauß reichte, schossen mir vor Freude die Tränen in die Augen. Und gleichzeitig weinte ich voller Traurigkeit, dass diese Zauberblumen nun ihren Wald verloren hatten, die Elfen, die Wichtel, die Käferchen, die Trolle und die Feen. Und ich weiß noch, dass ich zutiefst verwundert war und zwischen den ganzen Schluchzern wahrnahm, dass man tatsächlich glücklich und traurig gleichzeitig sein konnte.

Viele Jahre später, ich war schon lange erwachsen, hatte sich mein geheimer Ort in mir drin etwas verändert, er war nun ein Baumhaus hoch in den Wipfeln. Es gab keine Feen mehr, nur die sich wiegenden Blätter, das Licht, der Wind und jede Menge Vögel und Eichhörnchen. Genau dort wohnte nun mein kleines, inneres Kind.

Und dann sah ich in einer Dokumentation über Island eine bunt gekleidete Frau mit einem klaren, leuchtenden Gesicht, die mit Bauarbeitern diskutierte. Ich erfuhr, dass sie die Feenbeauftragte in Island war. Die Straße, die gebaut werden sollte, führte mitten durch eine Feenwiese mit einem Feenhügel, und die Feen fühlten sich gestört. Die Regierung nahm ihre Bitte um eine Abänderung der vorgesehenen Straßenführung ernst, die Bevölkerung auch, die Straße macht nun dort einen Schlenker. Und da waren diese kleinen Wesen plötzlich wieder in meinem Leben.

Und als ich während eines langen, trüben Kummersommers fast ausschließlich im Schatten unter den alten Robinien in meinem Garten saß und von ihnen Heilung erfuhr, da nahm ich zum ersten Mal klar und deutlich einen winzigen Troll wahr, der den rissigen Stamm hinaufhuschte und mir zuwinkte. Ich winkte zurück und wunderte mich nicht.

Allerdings habe ich das leider nicht noch einmal erlebt. Aber manchmal denke ich, ich höre sie wieder alle wispern, meine Elfchen, die Zwerge und Trolle, und beuge mich weit hinunter zu den weißen Glöckchen in meinem Garten und begrüße sie. Der Friedhof hier an der Schlei ist gerade voll mit ihnen. Ihr Geläut ist zwischen all den Vogelgesängen nur eine Ahnung.

Vielleicht lasse ich mich ja noch zu einer Feenbeauftragten umschulen. Ich weiß, sie würden mich unterstützen.

Victoria liebt das Heute, und wir lieben alle Victoria, sie ist so absolut im Jetzt, die Vergangenheit und die Zukunft haben noch keine Bedeutung, für sie ist jeder Moment eine große Freude und ein großes Staunen. Sie ist meine beste Lehrerin.

Momentaufnahmen

Ich weiß noch genau, wann es begonnen hat. Es war noch die Zeit vor meinem ersten Handy, die Zeit der Fotoapparate mit sechsunddreißig Bildern, die man zum Entwickeln wegbrachte. Und man schaute sehr genau hin, was man fotografieren wollte und was man ließ.

Ich hatte immer schon diesen Blick für das Besondere, schon als Kind, ich wollte es immer unbedingt mit meinen Stiften oder Wasserfarben einfangen, mit Worten beim Schreiben oder später mit dem Fotografieren. Ja, Fotografieren wäre eine äußerst reizvolle Alternative zu meinem Lehrerinnensein oder später zu meiner Arbeit als Kindertheatermacherin gewesen. Aber es war zu einem obsessiven Hobby geworden.

Eines Tages, im besten, milden Spätnachmittagslicht (dem allerfeinsten überhaupt), trete ich aus meinem Häuschen an der Schlei nach draußen, weil ich eine Pause vom Schreiben brauche, da bekomme ich große Augen und diese berühmte Gänsehaut, die einen sowohl bei etwas Schrecklichem als auch bei etwas Schönem erschauern lässt.

Und dieser Moment vor dem Häuschen ist das Köstlichste, was ich seit Langem gesehen habe. Vor dem Wäscheständer, randvoll mit weißer, flatternder Wäsche, steht Victoria, vier Jahre alt, komplett nackig, mit kugelrundem Bäuchlein und an den Füßen ihre geliebten knallroten Gummistiefelchen. Die Hosenbeine und Ärmel auf der Leine recken sich mit tanzenden Bewegungen zur Erde, dann hinauf zum Himmel, der gerade das helle Goldblau eines alten, verblichenen Porzellans hat. Victoria liebt das Heute, und wir lieben alle Victoria, sie ist so absolut im Jetzt, die Vergangenheit und die Zukunft haben noch keine Bedeutung, für sie ist jeder Moment eine große Freude und ein großes Staunen. Sie ist meine beste Lehrerin. Sie steht dort, strahlt die tanzende Wäsche an, spürt den Wind, den Himmel, die Erde, breitet die Ärmchen aus und juchzt.

Ich rase ins Häuschen, schnappe meinen Fotoapparat und knipse drauflos, dieser magische Moment ist so zauberhaft, dass ich davon wackelige Knie bekomme. Und tatsächlich, unter den Fotos ist das eine, das ganz besondere, das genau diesen Zauber einfängt. Es ist mir bei meinen vielen Umzügen verloren gegangen, aber es ist scharf in meine

Erinnerung eingebrannt. Es hilft mir in Tagen voller Niedergeschlagenheit.

Das war das erste Foto einer unendlichen Serie von Wäscheleinenbildern, ich wurde geradezu süchtig danach. Überall fand ich sie, in den endlosen Weiten Russlands, zwischen den Dünen der Kurischen Nehrung, zu Hause im Ruhrpott auf Hinterhöfen und Balkonen, in Italien über den Gassen, ein einsames Hemd oder eine ganze Segelbrigade von Leinentüchern in Vorgärten. Ich sammelte sie ein bei allen Lichtgegebenheiten, bei Gewitter, Regen, bei Regen mit Regenbögen, bei viel Wind, bei wenig Wind, in der Abendsonne oder frühmorgens. Alle ohne Menschen.

Die Wäsche war eine kraftvolle, ausreichende Metapher für das Leben. Die Menschen, die diese Wäsche gekauft, getragen, verschmutzt, gewaschen und aufgehängt hatten, lebten mit ihr im Flattern des Windes. Da hing das pralle Leben auf der Leine, und immer machte es mich auf diese besondere Weise friedvoll, wie es auch Bäume tun oder ein Pferd auf einer Koppel, ein kleines Segel auf der Schlei oder ein paar rote Gummistiefelchen vor der Haustür.

In einer Dokumentation über Auschwitz sagte ein sehr alter, weißhaariger Herr, der diese Schrecken überlebt hatte, dass er einmal, als er mit einer schweren Last den großen, nackten Hof des Lagers überqueren musste, in eine geöffnete Tür der Baracke schauen konnte, in der sich die Aufseher aufhielten, und dort stand ein reich geschnitzter Stuhl in den schrägen Sonnenstreifen des Morgens. Und dieser Stuhl sei die unmittelbare, eindringlichste Metapher für das Leben gewesen, das Leben vor Auschwitz, mit einer Küche und mit Familie und Freunden um einen Tisch herum. Das Leben, das es für einige noch gab. Das man ihm aber brutal genommen hatte.

Nie habe ich eine Metapher besser verstanden.

Ein Mädchen, vielleicht dreizehn Jahre alt, brüllt durch die Tür in den Bus: «He, ihr Feiglinge, fahrt zur Hölle, da, wo die Nazis schmoren!» Und dem Busfahrer zeigt sie den Mittelfinger.

Kusshaltestelle

Ich bin von meinem Handy abgelenkt, als der Bus kommt. Viele Menschen drängen zum vorderen Eingang. Ich habe Zeit und warte. Da kommt es zu einer Stockung, ich höre eine laute, unangenehme Stimme und schaue auf. Ein kleiner, dicklicher junger Mann in einem Parka mit Tarnmuster steht breitbeinig in der offenen Bustür und drückt einen schmalen, dunkelhäutigen Jugendlichen mit seinem Bauch zurück.

«Hau ab ins Affenland, wo du herkommst!», dröhnt er und schaut grinsend und nach Beifall heischend in die Menge, die nichts sagt.

Ich bin in Schockstarre. Der junge Mann blickt auf den Boden.

«Hörsse nich, was ich gesagt hab?!», dröhnt diese deutsche Kartoffel, und ich zucke zusammen, dieser Ton ist mir so unerträglich, dass ich atemlos werde. «Hier hasse nichts zu suchen, hier wohnen die Deutschen», grinst der Dröhnende.

Der Busfahrer wirft nur einen kurzen Blick nach draußen, tut aber nichts. Eine junge Frau drängt sich nach vorne, sie stemmt die Arme in die Seiten, stellt sich aufrecht vor diesen Schreihals und sagt mit sich überschlagender Stimme: «Hallo, geht's noch? Aus welchem Kellerloch hat man dich denn wieder ausgebuddelt? Da bist du wohl vom Krieg übrig geblieben. Hatten sie dich dort verscharrt, du blöde hirntote Null?»

Die Menge wird wach, als die hirntote Null die junge Frau am Ärmel packt.

Sie schüttelt ihn ab und dreht sich zu den hinter ihr Stehenden um. «Na, isses schon wieder so weit, dass die Masse wegschaut, die Schnauze hält und später behauptet, sie hätte von nichts gewusst?»

Ein älterer Herr schreit: «Sie ham doch keine Ahnung! Deutschland braucht keine Ausländer, die hier unser Geld absahnen.» Einige schauen betreten zu Boden, einige nicken, der Bauch, der in der Bustür steht, schreit «So isses!» und will dem verängstigten jungen Mann an den Kragen.

Meine Schockstarre ist vorbei. Ich klettere durch den mittleren Einstieg in den Bus und eile nach vorne an ein paar Gaffern vorbei. Ich stelle mich hinter dieses kleine Wutpaket, packe es mit einer «Bärenumarmung» (dem einzigen Griff, den ich von einem Selbstverteidigungskurs vor vielen Jahren behalten habe), es sackt vor Schreck ein wenig zusammen, ich nutze diesen Überraschungsmoment und sage mit meiner schärfsten Lehrerinnenstimme: «So, und du hohle Nuss steigst jetzt hier mal als Erster aus. Aber hopp hopp! Und Sie alle», ich nicke den Draußenstehenden zu, «steigen hinten ein. Verstanden?»

Die Menge gehorcht, als hätte sie nur auf dieses Kommando gewartet. Ich schiebe das zappelnde Tarnmuster weg von der Bustür, staune, dass er es geschehen lässt, staune eine Sekunde über mich, steige fix ein, der Busfahrer will die Türen schließen, da sehe ich eine große Schar in der Mitte wieder aussteigen, die junge Frau auch, den Beschimpften nehmen sie in ihre Mitte.

Ein Mädchen, vielleicht dreizehn Jahre alt, brüllt durch die Tür in den Bus: «He, ihr Feiglinge, fahrt zur Hölle, da, wo die Nazis schmoren!» Und dem Busfahrer zeigt sie den Mittelfinger.

Zwei weitere steigen aus, ich tue es auch. Draußen sind wir neun Leute, wir kennen uns nicht, aber wir lächeln uns an. Der kleine Brüllaffe hat es eilig und verschwindet hinter der nächsten Ecke. Er schaut sich nicht um. Der eingeschüchterte junge Mann sagt nichts, er blickt immer noch zu Boden, bis ihn die junge Frau in den Arm nimmt. «Sind nich' alle so», sagt sie. Wir nicken unisono.

Da blickt er auf, lächelt in die Runde und gibt ihr scheu einen Kuss auf die Wange und schaut sofort wieder hartnäckig nach unten.

Die junge Frau schüttelt mir die Hand. Die Dreizehnjährige gibt mir ein High Five. Dann kichert sie: «Frauenpower, echt geil!», und weitere Wangenküsse werden ausgetauscht. Niemand wartet ungeduldig auf den nächsten Bus.

Die «Maulwürfe» aber mit ihren Assoziationssprüngen, ihren Überraschungen, Spielereien und ihrem hintergründigen Tiefgang waren absolutes Neuland für mich, und es reizte mich auf der Stelle, das auch auszuprobieren.

Maulwürfe

Ich war sprachlos, wirklich, so ganz ohne Worte. Dafür aber berauscht von den Worten Günter Eichs* in seinen *Maulwürfen*. Sie überrumpelten mich geradewegs, ich fühlte ein inneres Stolpern, dann ein Zurechtrucklen, ein Aufrichten und eine große, freudige Überraschung. Das also konnte Sprache auch sein? Das durfte sie? Das war möglich?

Das war so neu, so bereichernd für mich, eine solche Erlösung, dass sich mir dieser Moment für immer eingeprägt hat, vielleicht vergleichbar mit der Zeit, als ich mit zwölf Jahren Ingeborg Bachmanns *Malina* gelesen hatte, völlig fasziniert war von ihrer mich verwirrenden Sprache, die eine beunruhigende Geschichte erzählte, die ich nicht mit dem Kopf, aber «irgendwie» mit dem Herzen verstand, das damals wahrscheinlich schon wusste, dass ich selber einmal schreiben würde.

Die *Maulwürfe* aber mit ihren Assoziationssprüngen, ihren Überraschungen, Spielereien und ihrem hintergründigen Tiefgang waren absolutes Neuland

---

* Günter Eich (1.2.1907–20.12.1972), Mitbegründer der Gruppe 47, preisgekrönter Autor von Hörspielen, Lyrik und Prosa.

für mich, und es reizte mich auf der Stelle, das auch auszuprobieren. Wie andere Künstler, Maler zum Beispiel, oft durchs Nachahmen üben, war mir völlig klar, dass ich keine Plagiate erschaffen, sondern eine Erweiterung meiner Möglichkeiten versuchen wollte.

Ja, ich wollte meiner Lust, Sprache abzutasten, sie auszuprobieren, nachgehen, ich wollte sie brechen, neu zusammenfügen, um mit ihr unendliche Spielmöglichkeiten zu erfinden. Ich habe in dieser Zeit viele, viele kleine Texte geschrieben, etwas crazy, sehr leichtfüßig, für manche unverständlich, auf der Suche nach Deutungen völlig überfordert, und es war klar, dass diese Sorte Texte kein Mittelfeld bei den Leserinnen und Lesern hatte. Es gab nur völliges Unverständnis oder Begeisterung. Das war okay, auf Lesungen ging ich damit sehr sparsam um.

Es war sowieso viel besser, sie zu lesen, als sie zu hören, weil man dann an einigen Stellen verweilen konnte, um sie zu genießen. Lange habe ich mir Gedanken darüber gemacht, warum das bei mir ein so großes Erstaunen und Entzücken hervorgerufen hatte. Sicherlich war es auch der Mut von Günter Eich, so etwas auszuprobieren und zu veröffentlichen. Die Gruppe 47, in der Günter Eich Mitglied war, spaltete es zutiefst. Er konnte locker damit umgehen. Aber meine Frage «Warum macht es genau das mit mir und bei anderen nicht?» ist wohl die Antwort auf das Geschenk, das Kunst uns geben kann. Sie holt jeden Einzelnen da ab, wo er oder sie gerade ist, sie geht in Resonanz mit dem Urgrund der Leserinnen und Leser, der Zuschauenden oder der Zuhörenden, bei einem nicht, bei einer anderen sehr stark. Und das ist doch gerade das Wundervolle, dass Kunst diese Möglichkeiten hat, unsere unglaublichen Verschiedenheiten zu erreichen und zu bereichern.

Wenn ich meine geliebte Mondscheinsonate immer und immer wieder höre und mein Herz weit und durchlässig davon wird, hört meine Nachbarin nebenan gerade einen harten Rap von Eminem und ist glücklich. Alles ist möglich, alles erlaubt, alles gleich viel wert, wenn es uns berührt. Und diese Maulwürfe graben sich immer noch bis in mein Herz.

Zwischen verrottetem Weihnachtsschmuck und fünfundzwanzig Kilometer verknoteten Kabeln versteckt sich ein Schuhkarton mit einer Abbildung der hässlichsten Pantoffel aller Zeiten. Ich schwöre, so etwas habe ich nie getragen.

Das schwarze Buch

Zu meiner Wohnung gehört eine winzige Kammer, türbreit und nicht mal einen Meter tief. Am Kopfende ein prall gefülltes Regal, davor kämpfen Eimer, Schrubber, Staubsauger und Wäscheständer um jeden Millimeter Platz. Als ich gestern die Tür öffne, fallen sie mir nach Luft schnappend entgegen. Ich habe verstanden, aber dalli dalli, zackzack, SOFORT! Ich räume auf. Ich bin fassungslos über diese angesammelte Fülle von total überflüssigem Zeugs. Zwischen verrottetem Weihnachtsschmuck und fünfundzwanzig Kilometer verknoteten Kabeln versteckt sich ein Schuhkarton mit einer Abbildung der hässlichsten Pantoffel aller Zeiten. Ich schwöre, so etwas habe ich nie getragen. Als ich den Deckel hebe, staune ich den Stapel alter Fotos an, und klar, das Aufräumen muss warten.

Ich sitze auf dem Boden vor meinem Sofa und breite die Schätze aus, so viele Erinnerungen, manche schaue ich mit einem Lächeln oder Stirnrunzeln an. Die meisten der Fotos sind klein, schwarz-weiß mit gezacktem Rand, die Personen weit weg und kaum zu erkennen.

Und dann erstarre ich. Eine Wagenladung Frost kippt in mich rein, ich friere und beginne zu zittern. Mein Herz springt in mir herum, und ich blicke auf das kleine Mädchen mit Zöpfen und tränennassen, vor Kummer fast schwarzen Augen. Dahinter stehen zwei sehr große Männer, einer mit Bischofsmütze und Krummstab, der andere mit struppiger Frisur, dunkler Kutte, einer Rute und einem aufgeschlagenen schwarzen Buch in der Hand. Ich verkrampfe mich und kämpfe mit Übelkeit.

Ich stehe wieder in dem riesigen, überfüllten Saal im Herner Kolpinghaus, in dem das Finanzamt eine Nikolausfeier für alle Angestellten mit Kindern ausgerichtet hat. Ich war völlig unvorbereitet und ahnungslos. Die vielen Menschen machten mir Angst, und ich war überfordert. Irgendwann musste ich nach vorne kommen, und die beiden fremden Männer standen hoch aufgerichtet vor mir. Der mit der weißgoldenen seltsamen Mütze drückte mir eine kleine Tüte in die Hand und las etwas vor. Und dann schlug der düstere Mann sein schwarzes Buch auf, und seine grimmige Stimme verkündete in den vollen Saal hinein, dass dieses doch schon große Mädchen ab und zu immer noch ins Bett mache, und drohte mit seiner Rute.

Ich erstarrte. Ich schrumpfte und verschwand. Ich verschwand, so gut ich konnte, an diesen heimlichen, tief in mir versteckten Ort, den niemand kannte. Aber es half nichts.

Tränenüberströmt suche ich meine Mutter, sie blickt strafend in mein Gesicht. Ich habe Angst, jetzt, genau jetzt, in die Hose zu machen. «Ich muss mal», flüstere ich, und mein Vater versteht. Blitzschnell verschwindet er mit mir in den großen Flur und schiebt mich in den Toilettenraum mit den vielen Türen. Die runde Frau, die diese Türen bewacht, trägt ein Kopftuch, ich sehe es wieder vor mir und weiß noch, dass mich das verwunderte. Sie hat ein liebes Gesicht und öffnet flink eine Tür, schiebt mich hinein, hebt mich auf den Toilettensitz und hilft bei den wollenen Strümpfen an dem gestrickten Leibchen und der groben Unterhose. Es geht gerade noch gut.

Sie seufzt erleichtert, und ich weine weiter, lautlos und immerzu, ohne Ende. Sie setzt sich auf ihren Stuhl vor all den Türen und nimmt mich auf den Schoß. Ich drücke mich an ihren weichen Körper, und sie wiegt mich, sie wiegt mich und flüstert dabei einen tröstenden Singsang: «Schschsch, schschsch, alles wird wieder gut.» Sie sagt es so lange, bis ich es ihr glaube.

Ich will nicht wieder in den großen Saal, ich sträube mich, aber ich muss zurück. Mein Vater hat geduldig draußen auf dem Flur gewartet. Ich nehme jeden Fleck, jede Ritze, jeden Kratzer auf dem Fußboden wahr, an dem meine Augen kleben, als wir zurückgehen.

Ich habe keine Ahnung mehr, wie dieser Nikolausabend zu Ende ging, doch jetzt, genau jetzt mit diesem alten Foto in der Hand, habe ich wieder das hässliche Gefühl eines Verrats, den ich damals nur diffus spürte und bestimmt noch nicht verstand. Aber ich fühle auch jetzt noch die Weichheit, die Anteilnahme und das Verständnis dieser besonderen Frau, nach der ich mich noch lange sehnte. Noch heute erschrecke ich, wenn ich im Fernsehen einen weiß gekleideten Bischof mit seiner Mütze sehe. Aber ich weiß nun auch, liebevolles Mitgefühl ist der beste Trost und ein wundersames Heilmittel.

Nach dem Eis saßen wir irgendwann auf einer Bank in einer lauschigen Ecke, er rückte näher, ich rückte weg, er rückte nach und legte einen Arm um mich, und ich hatte nicht den Mut, ihn wegzuschieben, ich schrumpfte gerade vor Unsicherheit und Angst auf die Größe eines Fliegeneis.

Jawoll!

Ich hatte mein erstes Rendezvous, heute nennt man das wohl *Date*. Und, o Wunder, ich durfte mich tatsächlich an einem Sonntagnachmittag für drei Stunden mit diesem Jüngling treffen. Ich war gerade sechzehn geworden, hatte Tanzschulunterricht und dort meine ersten Begegnungen mit Jungs, ich ging ja auf ein reines Mädchengymnasium und hatte keine Brüder. Jungs kamen von einer anderen Galaxie, sie waren echte Aliens, sehr seltsame, nicht einzuordnende Wesen, die mich zutiefst verunsicherten. Aber manche von ihnen konnten herrlich tanzen, und Tanzen gefiel mir schon immer.

Ich gehörte jetzt tatsächlich, endlich endlich endlich, zu den Normalgroßen, bis vierzehn wurde ich als Zwerg gehandelt, eine «Zwergin» kannte man da noch nicht. Jetzt war ich ein Meter achtundsechzig groß, dünn dünn dünn, und hatte dieselbe Frisur wie die Sängerin Alexandra, die ich verehrte, und auf alten Fotos sehe ich, dass sie mir überraschend gut stand. Damals schlich ich durch die Gegend, wollte unsichtbar sein, niemand sollte bemerken, dass ich eine komplette Null war, es war einfach nix los bei mir, Mutter, Tanten, Nachbarskinder waren da einer Meinung.

Und dann fragte dieser Knabe aus der Tanzschule plötzlich mich, MICH, ob er mich zu einem Eis einladen dürfe. Er war hübsch, für meine Begriffe etwas zu klein (ich war da erbarmungslos, trotz meiner eigenen Erfahrungen, aber Jungs sollten große Männer sein!). Doch er konnte so wunderbar leichtfüßig tanzen.

Dieses Rendezvous machte mir Angst, ich war damit restlos überfordert. Ich wollte die Zusage schon zurücknehmen, denn was sollte ich anziehen, was sollte ich sagen und was nicht, hatte ich überhaupt was zu sagen, würden die Haare liegen, würde ich Schluckauf bekommen, wäre ich schön, schlau, lustig oder langweilig und stumm? Alles Fragen, die mich so schwer machten wie drei Kartoffelsäcke zusammen.

Meine Mutter drehte mir die Haare auf, das konnte sie gut, ich kämmte mir draußen diese Künstlichkeit in einer Hauseinfahrt mit Mühe wieder raus. Die Kleiderfrage hätte ich lieber mit meiner Jeans gelöst, aber meine Mutter bestimmte das Blaue, das mit dem hübschen, weißen Kragen, ich hasste weiße Kragen.

Um 15 Uhr trafen wir uns im Stadtpark, stumm und verlegen gaben wir uns die Hand und ließen sie schnell wieder los. Nach dem Eis saßen wir irgendwann auf einer Bank in einer lauschigen Ecke, er rückte näher, ich rückte weg, er rückte nach und legte einen Arm um mich, und ich hatte nicht den Mut, ihn wegzuschieben, ich schrumpfte gerade vor Unsicherheit und Angst auf die Größe eines Fliegeneis. Trotzdem ließ ich es zu, dass er den ersten Kuss versuchte. Und: Keine Geigen weit und breit, keine weichen Knie oder ein stürmisches Herzgeflatter, nichts davon, nichts von dem, was ich aus mindestens hundert Büchern kannte, in denen manchmal sogar so irritierende Begriffe wie *heiße Lenden* vorkamen.

Nun, kurz zusammengefasst, es war einfach nur ein etwas nasses, unangenehmes Geschehnis, das ich nicht wiederholen wollte. Auf keinen Fall! Aber, ich staune noch heute, ich wusste mit großer Sicherheit, dass es wohl nicht immer so sein musste. Tausende von Büchern konnten nicht irren. Es gab kein weiteres Rendezvous. Als meine Mutter herausfand (keine Ahnung, wie), dass dieser junge Mann «bloß ein Lehrling» war, der Dekorateur werden wollte, und kein Gymnasiast, war die Sache gegessen. Das war in Ordnung, obwohl ihr Argument mich verstörte.

Ich beschloss, mir Zeit zu lassen, ich war damals noch keine Abenteurerin, die sollte ich erst dauerhaft nach meinem Auszug von zu Hause werden. Und ja, die Bücher hatten recht, drei Jahre später gab es ihn dann, diesen besonderen, magischen Moment, nicht mit Geigen, aber mit einem unerwarteten Paukenschlag, einem bis zum Himmel kreiselnden Herzen und himbeersüßen Lippen. Und das Blut rauschte tatsächlich. Jawoll, alle meine Bücher hatten recht.

Ich hatte es ja gewusst.

«Da ist Karl!», ruft das Mädchen, das Anna heißt und buddeln und frei und unbekümmert sein darf. Sie reicht mir die kleine Schippe herüber und zeigt auf Karl, der regenwurmmäßig zu mir hochschaut.

Einfach schöner

Die Kleine hockt vor dem Stückchen Beet, in dem irgendetwas noch nicht Erkennbares wächst, und buddelt in der Erde. Sie könnte sechs oder sieben Jahre alt sein. Sie ist acht und erinnert mich an mich in dem Alter. Auch ich war viel zu klein, mit ordentlichen, strammen Zöpfen, mit ordentlichen Söckchen und ordentlichen Heften in einer ordentlichen Schultasche. Niemals gab es ein Gebuddel draußen in der Erde.

Ich beneide sie um ihre zerzausten Locken, um die kleine Schippe, um die nackten, schmutzigen Füße in den Flipflops, ich beneide sie um ihr Freisein. Sie schaut zu mir rüber. «Du bist neu hier, stimmt's?», fragt sie.

Ich nicke. Nur durch Zufall bin ich auf diesem großen Feld gelandet, das irgendein Menschenfreund allen Naturliebhabern, die sich mit zwölf Quadratmetern zufriedengeben, zur freien Verfügung gestellt hat.

Und so liegen hier nun kleine Gemüsebeete zwischen Klatschmohn und Margeriten. Jasminbüsche wuchern, und überall wird gerupft und gezupft.

Klappstühle stehen zwischen den Rhabarberpflanzen, Thermoskannen werden rumgereicht, und da es hier einen Brunnen gibt, wandern Gießkannen durch die Beete. Es riecht nach Holunder und Kaffee, und über allem liegt ein Frohsein in der Luft.

«Da ist Karl!», ruft das Mädchen, das Anna heißt und buddeln und frei und unbekümmert sein darf. Sie reicht mir die kleine Schippe herüber und zeigt auf Karl, der regenwurmmäßig zu mir hochschaut.

«Woher weißt du, dass das Karl ist?», frage ich. Für mich sehen alle Würmer gleich aus.

Anna rollt mit den Augen. «Weiß ich eben», sagt sie. «Er wohnt hier. Bei Ella dahinten ...», sie zeigt auf eine kleine, trostlose Parzelle etwas weiter weg, «da wohnt keiner. Nur hier!»

Ich verstehe, auch Regenwürmer haben so ihre Vorlieben. «Deine Erde scheint ihm besser zu gefallen», sage ich.

Anna nickt. «Hier ist es einfach schöner», sagt sie, und ich stimme ihr zu. «Und da ist ja auch Helga!», jubelt das Mädchen.

Ein zweiter Wurm steckt seine Nase aus der Erde und wird begrüßt.

«Das kannst du erkennen?», frage ich verwundert.

Anna schaut mich verständnislos an. Sie zeigt

auf den dickeren der beiden und sagt entschieden: «Karl!» Dann zeigt sie auf Helga, die hat sich wurmschlängelnd aus der Erde gewühlt, sie ist eindeutig schlanker und, ja, ich gebe es zu, sie ist ein Mädchen. Und irgendwie schöner als Karl. Da sagt Anna: «Sie ist einfach schöner», und ich strahle sie an, vielleicht werde ich ja auch so eine Regenwurmexpertin wie sie. Ich mag Regenwürmer, aber ich muss sie nicht unbedingt anfassen.

Aber nun hebt Anna die zwei auf ihre Schippe, sagt «Tach, ihr beiden» und streicht vorsichtig mit ihrem kleinen Finger über ihre rosa Wurmkörper. Ich erschauere. Karl und Helga tun das auch.

Anna fragt nachdenklich: «Wie streicheln die sich ohne Hände?» Dann legt sie sie vorsichtig aufs Beet zurück.

Karl und Helga bestaunen noch kurz das Tageslicht, vielleicht auch einander, sicherlich Anna und mich und winden sich zurück unter die Erde.

«Tschüss!», sagt Anna.

«Was hast du denn hier gesät?», frage ich, denn kleine, fedrige Triebe schauen aus ihrem Beet. Am hinteren Rand wachsen Kornblumen und Lupinen.

«Möhren», sagt Anna, «aber das dauert noch.»

Ich stelle mir gerade lebhaft vor, wie Karl und

Helga unter der Erde einen Möhrenparcours umschlängeln, ein Hindernis nach dem anderen mit Bravour meistern. Und ja, Helga ist die schnellere der beiden und darf aufs Siegertreppchen. Ich habe deutliche Comicbilder vor Augen und erzähle Anna, was die beiden unter der Erde alles treiben. Ihre Augen leuchten, sie will mehr, mehr Wurmabenteuer, mehr Kumpel für die beiden, und plötzlich ist unter dem Beet mächtig viel los.

Ein dreister Otto legt sich mit Karl an, er schummelt sich an drei Möhren vorbei, aber Helga hat messerscharfe Wurmaugen, und Otto ist geliefert. Anna ist eine begnadete Zuhörerin, und ich laufe zur Höchstform auf, angefeuert von ihren Ideenbeiträgen. Wir erschaffen ein ganzes Wurmuniversum mit jeder Menge Wurmlöchern und kapriziösen Wurmdamen, um die sich rittermäßig kämpfende Wurmhelden bemühen. Alles ist möglich.

Ich habe plötzlich schmutzige Söckchen an, die ich einfach ausziehe, meine strammen Zöpfe protestieren erfolgreich gegen die blöden Zopfspangen, meine Füße sind voller Erde, die warm ist und krümelig. Ich habe keine Angst vor dem Gezeter zu Hause und dem Stubenarrest, ich bin froh, nicht mehr acht Jahre alt zu sein.

Jetzt bin ich alt und frei. Frei, in der Erde zu buddeln, weiße Sneakers zu versauen, Regenwurmbekanntschaften zu machen und über Anna zu staunen. Das tut gut.

Und ist einfach schöner.

*Ihre sanfte Stimme ist eine warme,
weiche, schützende Decke, unter der
alles heil und gut ist. Ich schlüpfe
darunter, und eine kleine blaue
Fledermaus mit schönen Augen hat dort
ihr Zuhause.*

Ten-Pais Zähne

Zeit ist relativ, wir wissen es alle, aber in schlaflosen Krankenhausnächten ist sie nicht kurz, nicht lang, nicht relativ, sie ist endlos. E-N-D-L-O-S! Ich lausche auf die Atemgeräusche meiner Bettnachbarin, eine Wasserspülung rauscht mit fünfzig Stundenkilometern durch die Rohre, und irgendwas klappert draußen auf dem Flur.

Mein aufgeregtes, beschädigtes Herz klappert gleich mit, es zieht sich ängstlich zusammen. Es schrumpft gerade auf die Größe einer Walnuss. Und die blöde, kaputte Herzklappe erzeugt nicht nur dort einen Rückstau, auch meine Gedankenspiralen stoßen aneinander, verwickeln sich, stauen sich vor-, über-, unter-, umeinander: Wird die Operation gelingen? Werde ich Schmerzen haben? Wie wird es weitergehen? Immer schön im Rhythmus des unruhigen Herzschlags. Ich steigere mich da gerade hinein, ich weiß es, ich weiß es, ich weiß es und kann nicht aussteigen.

Mir bricht kalter Schweiß aus, ich beginne zu zittern, da klopft die Nachtschwester mit den schönen Mandelaugen, wie immer ganz leise, huscht lautlos herein wie eine Fledermaus, eine blaue Fledermaus. Sie leuchtet mit ihrer Taschenlampe ins dunkle Zimmer und sieht mein blasses, feuchtes Gesicht, sieht meine Atemnot, sieht meine Unruhe im Kopf und im Herz, lächelt mich an und verschwindet. Jetzt fühle ich mich neben all den Ängstlichkeiten noch erschreckend einsam.

Ich hätte sie noch gerne etwas um mich gehabt, da kommt sie zurück, sie hat nur schnell ihren Pieper geholt, schiebt leise einen Stuhl an mein Bett und greift meine Hand. Ihre ist weich und warm, meine kalt und verkrampft. Meine Angst wird zu einem Tränenmeer und fließt und fließt aus mir heraus.

«Ich dir erzählen von mein' Großmutter?», flüstert sie.

Ich nicke, ja, sie soll. Unbedingt soll sie das tun, sie darf mir alles erzählen. Von VaterMutterKind, HundKatzeMaus, HimmelWasserErde. Ihre sanfte Stimme ist eine warme, weiche, schützende Decke, unter der alles heil und gut ist. Ich schlüpfe darunter, und eine kleine blaue Fledermaus mit schönen Augen hat dort ihr Zuhause.

Ich lausche. Ten-Pai heißt die Großmutter. Sie ist sehr alt! «ALT! SEHR!» Jeden Morgen tritt sie vor die Tür und begrüßt das Leben. Sie bedankt sich bei den

Wolken, dem Bambus, der in großen Kübeln auf ihrer Terrasse wächst, sie bedankt sich bei dem Wind, der in den Blättern raschelt, bei der Katze, die auf ihr Frühstück wartet, bei den Vögeln im Baum und bei ihrer Tochter, die ihr die Schale mit dem Reis und der zerdrückten Banane reicht. «Dann ...» Und jetzt lächelt Schwester Min-Lu und zeigt alle ihre kleinen Perlenzähne; sie tippt auf die beiden Zahnreihen. «Dann», sagt sie, «bevor mein' Großmutter frühstücken, sie tut sagen *Danke*. Alle fünf.»

Sie hebt kurz ihre kleine Hand und spreizt die fünf Finger. Großmutter Ten-Pai berührt jeden einzelnen ihrer fünf Zähne, verweilt dort kurz, summt einen geheimnisvollen Singsang, für jeden Zahn einen anderen, legt die Hände vor der Brust zusammen und verneigt sich. «Dann Ten-Pai frühstücken! Ja? Du versteh'n?»

Ich nicke, ich sehe Großmutter Ten-Pai vor mir, ich sehe ihre alten, weisen Augen, ihre freudige Zuversicht, dass alles gut ist, ich ahne ihre Kraft, die sie aus dem Leben schöpft, weil sie es ehrt.

Schwester Min-Lu drückt meine Hand, ich weine nicht mehr. Mein altes Herz hat sich besonnen und flattert nun ruhiger. Ich lächle es an. Ich verbeuge mich vor ihm. Ich bedanke mich und segne es. Ich lächle und lächle und habe das deutliche Gefühl, mein Herz lächelt zurück.

Min-Lu beugt sich über mich, legt ihre kleine Hand auf meine Brust und flüstert etwas in ihrer Sprache.

Ich atme befreit durch und flüstere zurück: «Hab von Herzen Dank. Danke dir und Dank an Großmutter Ten-Pai. Und danke, mein altes Herz!»

Min-Lu lächelt, ihre Mandelaugen hüpfen, sie zupft an ihrem blauen Kittel, winkt noch einmal und schließt lautlos die Tür.

Ich bin geradezu entzückt von ihrem wildbunten, groben Hippi-Strickpullover, eindeutig Hippi, da kenne ich mich aus, den hatte ich auch, so ähnlich irgendwie, mit den dicksten Nadeln der Welt gestrickt.

Wonderwoman

Es begab sich zu der Zeit, als ich alt war. Ich glaubte, ich war es nicht, ich fühlte es nicht, ich dachte es nicht, also war ich es nicht. Alt waren diese siebzigjährigen Romanfiguren, die hin und wieder als weise Großmütter in Geschichten auftauchten, oder diese Rentner im Unterhemd, die fette Tauben mit ihren altmodischen Handys fotografieren, oder die Nachbarin gegenüber, die ihren hundertjährigen Spitz ausführt.

Zu dieser Zeit also begab es sich, dass ich mit der besten Tasse Americano in meiner Lieblingsbuchhandlung am Fenster saß und Passanten, den Verkehr, die Lichtflecken der Bäume, die sich am Straßenrand im Wind wiegten, und hin und wieder die anderen Gäste oder die Bücherregale um mich herum beobachtete und alles aufsog.

Gerüche, Geräusche, Gesprächsfetzen, das Klingeln der Ladenkasse, wenn ein Buch verkauft wird, oder das leise Ermahnen einer Mutter, als ihr Winzling etwas wild in einem Bilderbuch blättert, all das wird für mich eine köstliche, entspannende Symphonie, und diese mache ich mir öfter zu einem morgendlichen Geschenk. Da sitze ich also am Fenster, händchenhaltend mit der Zeit, genieße alles – und dann kommt sie: WONDERWOMAN!

Meine Kaffeetasse bleibt irgendwo in der Luft hängen, mein Mund wahrscheinlich halb offen vor Staunen, und meine Augen werden so groß wie die Zimtschnecke auf meinem Teller. Draußen, auf einem etwa einen halben Meter hohen Steinpoller, der Falschparker abschrecken soll, nimmt sehr elegant eine nicht elegante, verwunderliche, zauberhaft crazy aussehende alte Dame Platz. Echt alt, ohne Frage. Und so bezaubernd frech jung, dass ich mich weit zur Fensterscheibe vorbeuge.

Knallrote Haare leuchten als Punkstreifen mitten auf dem Kopf über sehr wachen, dick umrandeten Augen. Aus einer kleinen, goldenen Umhängetasche holt sie eine Zigarettenspitze, wie ich sie nur aus alten Filmen kenne, zündet sich lässig die Zigarette an, schlägt die Beine übereinander, die in einer knallengen schwarzen Lederhose stecken, dazu trägt sie rote Stiefelchen. Und ich bin geradezu entzückt von ihrem wildbunten, groben Hippi-Strickpullover, eindeutig Hippi, da kenne ich mich aus, den hatte ich auch, so ähnlich irgendwie, mit den dicksten Nadeln der Welt gestrickt. Vor hundert Jahren. Oder so.

Ich bin vollkommen vernarrt in diese Erscheinung. Sie sitzt mir seitlich zugewandt, ist ganz bei sich, bei ihrer Zigarette, wird begafft, was sie nicht interessiert, sie ist eine kleine, exotische Insel in dem ganzen Getriebe um sie herum.

Ich gäbe Kaffee, Zimtschnecke und mehr dafür, um zu erfahren, was sie denkt, welche Bilder gerade in ihrem Kopf blühen oder welken. Ich könnte einfach hinausgehen, sie einladen und sie fragen, ja, ausquetschen würde ich sie gerne, wie ich es schon als Kind mit allen Menschen tun wollte oder tat, die mich interessierten, berührten, auch die unangenehmen. Alle verbargen sie eine solche Wundertüte von Geschichten. Ich wollte immer alles, wirklich alles wissen.

Wäre sie offen für meine Neugier, für meine Zuneigung? Ich ziere mich und zaudere und ziere und zaudere.

Da hält mit quietschenden Reifen ein weißer Sportmercedes neben dem Poller in der Einfahrt zum Hof, die Wagentür springt auf, und ein kleines Mädchen im rosa Tutu und mit zarten Elfenflügelchen auf dem Rücken hüpft heraus, jubelt: «Oma! Oma!» und wirft die Punklady fast von ihrem Thron. Die breitet die Arme aus und fängt das Feenwesen geschickt auf, und dann tanzen die beiden mit viel Gelächter um den Steinklotz, sie singen etwas, keine Ahnung, was, und dann umarmen sie sich lange.

Neben dem Mercedes steht eine junge Frau in einem ordentlichen Pepita-Kostüm, ein weißer Blusenkragen unterstreicht den strengen Business-Look, sie beobachtet reserviert den Freudentanz von Koboldin und Elfe. Dann gibt sie ein Kommando, und Wonderwoman schiebt das Zauberwesen auf den Rücksitz, drückt die BüroBankManagerinFachfrau kurz ans Herz, die wird ganz steif und schaut sich unbehaglich um.

Dann steigen beide ein, die Türen schlagen, und der weiße Sportwagen fährt rückwärts, biegt wieder in den Verkehr, die roten Schlusslichter entfernen sich, und ich lehne mich zurück.

Ich schließe die Augen, hinter denen etwas zu leuchten beginnt. Ein Hoch auf Wonderwoman! Ein Hoch auf das Alter! Ein Hoch auf Unbekümmertheit und Selbstverständnis.

Ich muss noch so einiges lernen, das steht fest. Ich werde es tun.

Seine Augen sind nass, seine Mundwinkel zucken, er reicht kleine Teegläser herum und winziges, honigsüßes Gebäck.
Er murmelt immer wieder: «Danke! Euch Danke. Sehr Danke bitte schön. Wir Freunde. Wir Freunde. Wir nix wegnehmen. Frieden! Frieden!»

Wer ist das Volk?

Ich stehe zwischen all den Menschen im großen Kreis auf dem kahlen Platz mitten in Herne, eine Gegendemo wird vorbereitet gegen die, die gegen alles sind, was Demokratie bedeutet, und die alte Parolen lautstark für alte, braune Weltansichten verkünden. «Besorgte Bürger» nennen sie sich und wollen uns «besorgt» aufklären, um was wir uns Sorgen machen sollten.

Als Erstes natürlich um die steigende Ausländerzahl, um diese schmutzigen, schmarotzenden, massenhaft das deutsche Volk überfallenden Menschen, die uns die Arbeitsplätze wegnehmen, die Frauen, das Geld, die Wäsche von der Leine, das Land, die Kultur, eigentlich alles. Es gibt noch viele andere aufhetzende Parolen, Hakenkreuze werden hemmungslos als Armbinde getragen oder als deutliche Tätowierung gezeigt.

Wir sehen jede Menge Transparente und Plakate mit Sprüchen, die die Menschenrechte verhöhnen. Die «Besorgten» kommen jeden Montag aus der Umgebung nach Herne angereist, ihre Demo ist angemeldet und wird genehmigt. Sie ziehen, meistens schwarz gekleidet, mit grimmigen Gesichtern durch Hernes Innenstadt, und die Gegendemonstranten tun ihr Bestes, um sie zu stören. Ich erschrecke, wie viele bekannte Gesichter ich unter den «Besorgten» entdecke, wie viele Herner Kneipen diese «besorgten Bürger» willkommen heißen, es erschreckt mich zutiefst, es ist schließlich meine Heimatstadt.

Ein junger Polizist will den Gegendemonstranten nicht gestatten, mit den «Besorgten» in eine andere Straße abzubiegen, und es kommt zu einem Stau, die «Besorgten» ziehen triumphierend weiter. Eindeutig ist der Polizist auf ihrer Seite. Ein älterer, gut gekleideter Herr redet auf den Polizisten ein, es stellt sich heraus, dass er Anwalt ist und genau weiß, dass dieser junge Mann gerade seine Befugnisse überschreitet. Er will Papiere sehen, er redet von Paragrafen, und wir hören gebannt zu.

Der Polizist ist geschickt, er tut so, als wolle er Gespräche mit seiner Behörde führen, damit schindet er Zeit. Der Anwalt schreibt sich den Namen des übereifrigen Sympathisanten auf, das verunsichert ihn tatsächlich, wir applaudieren hin und wieder, wenn der Anwalt auf Paragrafen hinweist, die wir nicht kennen, der Polizist wohl auch nicht, aber es beeindruckt.

Da kommt aus einer kleinen, marokkanischen Bäckerei, vor der diese lautstarke Auseinandersetzung läuft, die Gegendemo ist immer noch im Stauzustand, ein kleiner, schmaler, schwarzhaariger junger Mann in leuchtend bunter Weste mit einem riesigen Messingtablett aus seinem Laden geeilt. Seine Augen sind nass, seine Mundwinkel zucken, er reicht kleine Teegläser herum und winziges, honigsüßes Gebäck.

Er murmelt immer wieder: «Danke! Euch Danke. Sehr Danke bitte schön. Wir Freunde. Wir Freunde. Wir nix wegnehmen. Frieden! Frieden!»

Manche umarmen ihn, seine Frau bringt weiteres Gebäck und Tee, und wir stehen eng beisammen, es wird nicht viel geredet, Lächeln flattern hin und her, manche legen sich die Arme um die Schultern, und es ist friedlich. Die Zeit verweilt ein wenig in unserer Mitte, dann hören wir Gegröle, der Rest der «besorgten Bürger» biegt nach links ab, wir dürfen endlich hinterher, der Polizist steigt auf sein Motorrad und begleitet das Gegröle als Schlusslicht, wir buhen ihm nach.

Der Anwalt schüttelt seinen Kopf, er ist sprachlos über die Dreistigkeit dieses jungen Mannes, und wir sind erschrocken über die hohe Dunkelziffer von

Sympathisanten, die es wohl in deutschen Behörden zu geben scheint. Er redet noch mit dem marokkanischen Ehepaar, das dankbar zu ihm hinaufschaut, und wir ziehen weiter.

Ich weiß nicht, ob wir irgendeine Veränderung in dem Gedankengut dieser «Besorgten» bewegen, höchstwahrscheinlich nicht, aber wir geben ein Zeichen, dass es Andersdenkende gibt, die diesen gefährlichen Schwachsinn nicht hinnehmen werden, die wachsam sind, die bereit sind, Aufklärungsarbeit zu leisten, um die Demokratie zu schützen, die wir als Geschenk empfinden.

Wir wollen nicht zulassen, dass diese unterwandert wird. Unsere deutsche Geschichte hat gezeigt, was dann alles möglich werden könnte.

Wir sind beunruhigt über die «Besorgten». Wir sind beunruhigt und gewarnt. Und wach und zur Gegenwehr bereit.

Ich hoffe, wir sind viele.

Es ist genau die richtige Zeit für den Schnuppenzauberschnaps. Er sieht köstlich aus und duftet nach allen Beeren, die ich in Großmamas und Großpapas Garten finden konnte, er leuchtet tiefrot und geheimnisvoll.

Himmlisches Zeitgefühl

Ich sitze im Norden im Garten meines kleinen Schreibwohnsitzes unter dem Blätterdach der jungen Kastanie, die sich sehr anstrengt, mir Schatten zu spenden, und mich dazu noch großzügig mit goldenem Lichtgeflirr beschenkt. Ich kaue an meinem Stift und warte auf Inspiration. Die Sommergerüche, der schräge Chorgesang der Hühner, das Auf und Ab des Bienengesummses machen mich schläfrig. Das darf sein, denn in diesem Zustand kommen auf leisen Sohlen oft die besten Ideen, die in diesem besonderen Zwischenreich ihr Schattendasein haben und darauf warten, ins Leben zu treten.

Aber es soll nicht sein, ich höre hinter mir jemanden laut herbeirennen. Es ist Simon, zehn Jahre alt, er wohnt mit seinen drei Geschwistern, mit Großmama, Großpapa und seinen Eltern im Haus vorne am großen Tor. Seine Schultasche hüpft auf seinem Rücken hoch und runter, er schreit: «Übermorgen! Übermorgen!» Etwas atemlos kommt er bei mir an, betrachtet mein Papier und den Stift in der Hand und murmelt: «Tschuldigung.»

Mich beim Schreiben zu stören ist ein großer

«Frevel», das beachten auch seine drei Geschwister, aber ich schreibe ja gar nicht und sage schnell: «Gut, dass du da bist, erzähl, was ist passiert?»

«Übermorgen!», schnauft Simon erleichtert, «übermorgen sollen ganz viele vom Himmel fallen!»

Ich denke sofort an Engel, Fallschirmspringer, sonderbares Getier, Schneeflocken und Ähnliches, aber Simon, der merkt, dass ich nichts verstehe, ergänzt strahlend: «Schnuppen! Ganz viele Schnuppen soll es regnen, hat Frau Burscheid gesagt!»

Das ist die Lehrerin, die er verehrt. Ich werde jetzt hellwach. Schnuppen, sind das nicht kleine Engel, die über den Himmel zischen, weil sie irgendwohin Licht bringen wollen? Ich sag ihm das, und er grinst sein Jetzt-spinnt-sie-mal-wieder-Grinsen. Das ist okay.

«Setz dich mal», sage ich, «wir müssen einen Plan machen. Das muss gefeiert werden, oder?»

«Klaro», strahlt Simon, «das ist ja auch Freitagnacht, das passt voll.»

Alles klar, wenn jetzt keine blöden Wolken dazwischenkommen, könnte es endlich das Spektakel werden, auf das wir schon im letzten Jahr scharf waren, das aber ausfallen musste. Wegen der blöden Wolken.

Ich nehme ein Blatt und schreibe «Schnuppen-Nacht-Erlebnis-Plan» darauf.

Simon ist begeistert. «Jede Menge Decken», sagt er. «Kissen. Chips, Gummibärchen, Wunschzettel, Limo ...»

«Lampions», sage ich, ich bin der absolute Lampionfreak und nutze jede Gelegenheit, sie in Büsche und Bäume zu hängen.

«Nö», sagt Simon, «die sind zu hell!»

Ja, das sehe ich ein, ich muss sie streichen. «Schnuppenschnaps!», rufe ich jetzt begeistert über die gerade in meinen Kopf gefallene Idee und über das schöne, neue, klangvolle Wort, und ich schreibe es schnell auf die Liste.

Simon springt auf, er, der Wörter liebt, wiederholt es fast singend: «Schnuppenschnaps, Schnuppenschnaps, Schnuppenschnaps ...» Ich falle ein, und das Wort wird immer stolperiger und fast schon unkenntlich, ein schräges Mantra, wir halten uns die Bäuche vor Lachen, aber dann fragt Simon: «Was issen das überhaupt?»

Ich weiß es so genau selber noch nicht, irgendwas Leckeres, Geheimnisvolles, das noch nicht verraten wird. Ein Schnuppenanlockungszaubertrank, das steht fest. Irgendwann ist unsere Liste voll, und

Simon läuft mit ihr winkend zu Großmama ins Haus. Adrian, Jonas und die kleine Victoria sind noch in der Schule und im Kindergarten. Simon wird sie alle für unsere Schnuppenschnaps-Party begeistern. Seine Vorfreude wächst bereits in alle Himmelsrichtungen.

Am Freitagabend dauert das Dunkelwerden viel länger, als wir dachten. Wir liegen auf dem Rücken auf Decken, ganz dicht beieinander, Berge von Kissen werden noch hin und her geschoben und zurechtgedrückt, die Chipstüten rascheln, es knistert und knuspert, es schnuffelt und kuschelt, und es ist genau die richtige Zeit für den Schnuppenzauberschnaps. Er sieht köstlich aus und duftet nach allen Beeren, die ich in Großmamas und Großpapas Garten finden konnte, er leuchtet tiefrot und geheimnisvoll. Victoria, die Kleinste, piepst: «Is' echt lecker!»

Simon sagt: «Einfach himmlisch!» und kichert über sein Wortspiel.

Jonas wackelt gefährlich mit seinem Glas, als er es zum Himmel hebt, und ruft energisch: «Los jetzt, ihr Schnuppen, zeigt euch!»

Aber noch sind die Schnuppen dazu nicht bereit. Ein zweites Glas Schnuppenschnaps wird wirken.

Adrian erfindet einen Zauberspruch: «Schnuppen, Schnuppen, kommt schnell her, sonst ist der Schnuppenschnaps bald leer!»

Wir wiederholen ihn zusammen. Victoria hat längst ihren Daumen im Mund und schläft. Die Sterne über uns funkeln, und wir funkeln mit erwartungsvollen Augen zurück. Die ersten Fledermäuse jagen über unsere Köpfe, Großpapa bringt weitere Decken, wir rücken noch enger zusammen und kuscheln uns warm.

Es wird feucht auf den Wiesen, und irgendwann werde ich fröstelnd wach, die Decken sind klamm, die Sterne funkeln immer noch, wahrscheinlich sind alle Schnuppen längst schon ins Nirgendwo gesaust, ich trauere kurz um meinen Wunschzettel, aber ich beschließe, unsere Operation «Schnuppenschnaps» zu beenden.

Großpapa hat das geahnt, er kommt aus dem Haus, wir wecken die Kinder, Victoria wird schlafend auf den Arm genommen, die Jungs wickeln sich in die Decken und wollen halbwach davonstolpern, da sage ich: «So, ihr Schnuppen, eine letzte Chance!!!!»

Alle schauen nach oben, ich hebe den Krug mit dem winzigen Rest Zaubertrank in die Höhe, und, auch wenn mir das jetzt keiner glaubt, da zischt eine unsagbar helle und wundersam endlose Schnuppe über den weiten Himmel, und wir staunen und wundern und staunen und sind ganz still.

Dann flüstert Jonas: «Danke. Das war ein Wunder, oder?»

Großpapa sagt: «Das war der Schnuppenschnaps!»

Simon sagt: «Is' doch egal.»

Und ich bin schwer beeindruckt über dieses himmlische Timing.

Danksagung

Ich möchte an dieser Stelle schlussendlich eine Herzensangelegenheit loswerden. Und ein großes Dankeschön.

Meinem Verleger Jean-Claude Lin, der nun leider mein Nicht-mehr-Verleger ist, weil er in den Ruhestand gehen musste, verdanke ich die Idee für diese Kolumnen. Der Ruhestand, der ihm aber sicherlich, so wie ich ihn kenne, keine Ruhe gibt, sondern weitere Kreativität, Anregungen, Vorträge, interessante, aufbauende Gespräche und Texte folgen lassen wird, dieser blöde Ruhestand hat uns leider ein bisschen voneinander entfernt. Aber dank Herrn Lin konnten meine vier Kolumnenbücher erscheinen, und ich danke ihm dafür aus einem weiten Herzen, das ihn vermisst.

Dieses vierte Kolumnenbuch hat er mir am Tag seiner berührenden Verabschiedung vorgeschlagen. Es war für mich ein wirkliches Geschenk. Ich durfte im letzten Erscheinungsjahr des großartigen Magazins *a tempo* noch einmal monatlich eine Kolumne zu dem wundervollen Thema *Berührungen* schreiben. So entstanden die zwölf *a-tempo*-Kolumnen und weitere dreizehn noch nicht veröffentlichte – wie in den anderen drei Kolumnenbüchern auch.

Und natürlich möchte ich an dieser Stelle meinem Lektor Martin Lintz danken, mit dem ich alle meine Kinder- und Jugendbücher und alle meine Kolumnen auf unkomplizierte und bereichernde Weise überdenken konnte.

Der Verlag Freies Geistesleben ist ein großartiger Verlag, und ich hoffe sehr, dass er in diesen schwierigen Zeiten weiterhin beglückende Bücher und Texte herausbringen wird.

Ich danke allen, die dazu beitragen. Ihnen, liebe Leserinnen und Leser, ganz besonders.

Herzlichst,
Ihre Brigitte Werner

Brigitte Werner
Zufälle. Das Leben ist wunderbar
189 Seiten, Leinen mit Schutzumschlag
ISBN 978-3-7725-2545-2

Brigitte Werner schildert 25 kleine Begebenheiten aus ihrem Leben – mit einem aufmerksamen, liebevollen Blick auf die scheinbar unscheinbaren Ereignisse im Alltag, die sich aber bei näherem Hinsehen als denkwürdig und hintergründig erweisen können. So kann man auch selbst aufmerksam werden, wenn man die Augen aufmacht, sie blank reibt und sich voller Freude umdreht ...

Verlag Freies Geistesleben

Brigitte Werner
Seitenblicke. Die Liebe zum Leben
190 Seiten, Leinen mit Schutzumschlag
ISBN 978-3-7725-2549-0

Brigitte Werner erzählt von ungewöhnlichen Begegnungen mit Kindern und fremden Menschen, berührenden Erlebnissen in der Natur, der Kunst und zufälligen Momenten, die dem Leben eine ungeahnte Wendung geben können. Verzichtet man auf die gewohnte Perspektive und blickt zur Seite statt geradeaus, so nimmt man Dinge und Menschen anders wahr, und unscheinbare Begebenheiten erhalten plötzlich eine besondere Bedeutung.

Verlag Freies Geistesleben

Brigitte Werner
Herzräume. Gerborgen im eigenen Leben
205 Seiten, Leinen mit Schutzumschlag
ISBN 978-3-7725-3452-2

Brigitte Werners Texte laden zum Mitfühlen und Mitlachen, zum Staunen und Nachdenken ein. Immer spürt man dabei ein Augenzwinkern und die Liebe zum Leben. Und man erkennt, dass das Herz nicht nur zwei Kammern hat, sondern viele Räume, in denen wir unsere Kostbarkeiten hüten und aufbewahren sollten, um sie immer mal wieder anzuschauen und sich an ihnen zu erfreuen.

Verlag Freies Geistesleben